儿童情商训练课

李茜（悠悠妈）著

中国婦女出版社

图书在版编目（CIP）数据

儿童情商训练课 / 李茜著. -- 北京 ：中国妇女出版社，2022.4
ISBN 978-7-5127-2094-7

Ⅰ.①儿… Ⅱ.①李… Ⅲ.①情商－儿童教育－家庭教育 Ⅳ.①G782

中国版本图书馆CIP数据核字（2022）第002017号

选题策划：闫丽春
责任编辑：闫丽春
封面设计：尚世视觉
责任印制：李志国

出版发行：中国妇女出版社
地　　址：北京市东城区史家胡同甲24号　　邮政编码：100010
电　　话：（010）65133160（发行部）　　65133161（邮购）
邮　　箱：zgfncbs@womenbooks.cn
法律顾问：北京市道可特律师事务所
经　　销：各地新华书店
印　　刷：北京通州皇家印刷厂

开　　本：165mm×235mm　1/16
印　　张：16.5
字　　数：228千字
版　　次：2022年4月第1版　　2022年4月第1次印刷
定　　价：59.80元

如有印装错误，请与发行部联系

推荐序

生活在制造品质享誉世界的国度，悠悠妈耳濡目染了德国先进的教育理念。因为自身具备中西结合的工作、教育和家庭背景，她的文章总能跳脱出常人思维，让人从全新的视角去看待和解决问题。

在这本《儿童情商训练课》中，悠悠妈毫无保留地分享了德国家庭和学校在培养孩子情商方面的经验，如自信心、安全感、社交能力、自驱力、领导力、独立能力……内容精彩的同时，充满了让读者思考的空间。

孩子什么都好，就是情商不太高，怎么办？

情商是天生的，还是可以后天培养的？

为什么已经用心培养了，孩子的情商还是堪忧？

为什么别人家孩子情商那么高？

……

所有你能想到的关于儿童情商的问题，在这本书里或许都能找到答案。对孩子情商问题感到烦恼的家长，我强烈推荐你们阅读这本书。

我始终相信，未来社会越来越需要融合型、跨越式、综合性人才，而情商是必备的素质和软技能，情商高的孩子才具有超强的竞争力。

这本书能让家长们看到养育孩子的更多可能性，孩子情商的培养就在每天的生活和养育细节处。家长们，阅读本书，一起实现孩子情商的逆袭吧。

郝景芳

前言

在我小时候，我身边很多父母和老师最在乎的就是孩子的分数，可是当我们这些在“唯分数论”环境下长大的孩子进入社会后，却猛然意识到，原来分数并不是万能的。曾经只用靠比拼分数就能单枪匹马过关斩将的风光好像不再了，一些以前看似学习成绩普通的人，长大成人进入社会后反而工作和生活得如鱼得水、游刃有余。

这种心理落差源于学校竞争的单一性与社会竞争的复杂性之间的强烈对比。在学校里，成绩好的孩子往往会得到老师和同学的喜欢与优待，班干部让他当，好的机会留给他，荣誉也属于他……

进入社会后，决定一个人成功与幸福与否的变量突然多了起来，仅仅靠成绩这一项并不能赢得绝对优势，还有人际交往能力、资源整合能力、判断力、合作与沟通能力、自控力、沟通能力、情绪管理能力、时间管理能力、不服输的精神等。很多时候，这些因素综合在一起，才决定了一个人的发展高度。

其实，以上这些品质都属于情商的范畴，能够驾驭好这些综合因素的人，往往都是高情商的人。

和高情商的人交往令人如沐春风。高情商的人能不自觉地把人吸引到自己身边，也容易得到他人的信任。很多人在羡慕他们之余，又会苦恼于为什么自己没有能力变成高情商的人。

这就要谈到一个人小时候接受的教育。一个人的情商就像他的思维模式一样，是在经年累月的人生经历中逐渐形成的，在一遍又一遍的亲身体验中不断打磨和优化的。而儿童时期恰恰可塑性最高，是培养情商的黄金时期。

若是小时候缺乏情商方面的锻炼机会和父母有意识的培养，长大后再想培养情商，不是不可能，但是会比从小培养难多了。因为这需要人们把人生前二三十年已形成的思维与行为模式打碎再造，重塑一种新的模式。这个过程自然不会很容易，特别需要改变自我的觉悟和勇气。

我是一个生活在德国的妈妈，我的爱人是德国人。我观察到德国家庭和学校都非常重视培养孩子的情商，他们不会为了分数而牺牲孩子的全面发展。这其中最重要的原因是，德国整个社会从家长到老师都有一个共识，那就是情商对孩子的身心健康和未来发展至关重要，不容小觑。

改变行为首先要改变认知。作为父母，我想我们能做的是从反思自己的人生经历和育儿行为出发，首先应意识到情商培养的重要性，抓住儿童阶段的关键期，将培养情商与开发智商放到同等重要的位置，从全人教育的方向切实地学习培养情商的方法，并付诸实践。

其实情商的培养并不高深莫测，与基因遗传也没有太大关系。每个孩子经过学习和实践都能提高情商，但这绝非一日之功。

众所周知，情商体现在举手投足之间，情商的培养也应融入日常生活，家长应该一点一滴有意识地为孩子创造锻炼情商的机会和环境。这个过程中，父母与孩子可以相互影响、共同进步，这也正是我写作本书的目的。

本书内容基于现代儿童心理学的科学理论和跨文化家庭养娃的实践积累，希望能为中国父母提供切实可行的儿童情商培养方法，让每个可塑性极强的儿童长大后都不用走弯路。

情商，看不见、摸不着，很可能在考试和竞争中压根儿用不到，但每一个进入社会的人又都深感它的重要性。情商不仅在工作中需要，也涉及影响家庭幸福指数的婆媳关系和亲密关系、亲子关系等。

千里之行，始于足下。从小培养孩子的情商，就是在为孩子做好应对未来和收获幸福的准备。

悠悠妈

2021年10月17日

写于德国科隆

目录

开篇语

抓住可怕的2岁关键期，打好情商培养的基础

上　篇

高情商的孩子，懂得与自己的内心和谐相处

下　篇

情商高的孩子，能自如地面对外部的世界

开篇语

抓住可怕的2岁关键期，打好情商培养的基础

弄懂幼儿的心理

2岁左右时，孩子总是和家长唱反调，嘴里总是说着“不要、不要”——不管到底要不要，一遇到不顺心的事就大哭大闹，还动手打人……一副跟生活过不去的样子。

这些典型的表现让妈妈们十分头疼，而这些把大人折磨得心力交瘁的行为其实就是典型的Terrible 2症状。

知识链接

可怕的2岁

英语里把这个动不动就哭闹和说“不”的阶段叫作可怕的2岁（即Terrible 2，简称T2），这一阶段孩子的行为令父母感到恐怖。严谨的德国人将幼儿的这个必经阶段称为Trotzphase，翻译过来就叫“反抗阶段”，他们是从孩子的角度描述这一阶段的行为特征的。

可怕的2岁让家长十分烦恼，在寻找解决办法之前，我们需要先弄明白孩子到底为什么会这样。父母如果能多了解儿童的心理和行为动机，很多“问题”便“不是问题”，也就能迎刃而解了。

实际上，幼儿反抗情绪的出现并不限于2岁，这个状态一般从1岁半开始，可以持续到三四岁，因人而异。

儿童一般有两个“反抗阶段”，一个是T2阶段，一个是青春期。对此，父母们要提前做好心理准备，不要等“暴风雨”来的时候被打得措手不及。T2阶段如果处理得不当，说不定青春期的暴风雨会来得更加猛烈！

“反抗阶段”，孩子反抗的是什么

对于反抗阶段，德国人对它还有一个更形象的描述，叫Abnabelungsprozess，意思是“剪断脐带的过程”——它象征着一场孩子与母亲分离的独立战争！

是不是没想到孩子的独立意识会来得这么早？也许是因为我们低估了人类对成长和自由的渴望。随着自我意识的觉醒，一两岁的孩子已经不再满足于处处顺从妈妈，事事由妈妈说了算、由妈妈代劳了。

在这场“独立战争”中，孩子要争取的是：

自我主导的权利；

尝试做决定的自由；

可以掌控世界的自我效能感。

以上三点驱动着孩子成为一个拥有自由意志和有主见的人。

了解这些以后，我们就能明白，为什么孩子动不动就说“不”，且说

“不”时最常见的对象反而是与TA最亲密的人，而且一般是妈妈。因为，在越亲密的人面前，孩子才越有宣誓独立的必要！

所以，如果孩子总是在你面前唱反调，说明他和你关系最亲密，安全感最充足，从另一个角度看，你应该感到开心才对！

孩子到底为什么哭

在反抗阶段，孩子一遇到不顺心的事就哭得死去活来，这是因为他在“独立战争”中遭遇了挫折，感受到了挫败感。具体分以下三种情况。

想做的事做不到，对自己感到沮丧

比如，想自己穿鞋却穿不进去，想自己扣扣子却扣不上，气得自己坐在地上捶胸顿足，哇哇大哭。

对无法改变的环境和既定的事实感到挫败

比如，大人和客人一起吃饭的时候自顾自地聊着天，当孩子听不懂大人说的话，大人又没有给予孩子足够的关注时。

又比如，在外面玩儿想吃香蕉了，大人刚把唯一的一根香蕉剥好，孩子却不小心把香蕉掉在了地上时。

再比如，妈妈要照顾二宝，不能随时随地关注和满足大宝的需求时。

对别人说的“不”感到沮丧和愤怒

“这不能摸，太危险。”

“那不能爬，太高了。”

“你自己穿鞋子太慢了，还是我来帮你穿吧。”

“你选的衣服不合适，还是穿我帮你选的吧。”

孩子缺乏选择的自由，当然会感到沮丧了。

年幼的孩子，大脑前额叶尚未发育成熟（一般要到6岁才能成熟），还无法很好地控制情绪，对挫折的容忍度极低，遇到一点不如意，就很容易感到挫败和沮丧。如果再加上困了、饿了等生理不适，或者感到来自大人的焦虑所传递的压力，那么很快就会情绪爆发，表现出我们眼里的对小事的“过度反应”。

孩子希望从父母那里得到什么

对于孩子想得到的东西要从两方面来看，而且是听起来很矛盾的两方面：

一方面是要闹独立——孩子需要父母支持他追求独立。

父母应多给予孩子自己做事、做选择的自由，多给孩子尝试自己做事的机会，少说“不”、少代劳、少替孩子做决定，从根源上避免给孩子唱反调的机会。

孩子想自己开门就让他开；想自己扣扣子就让他扣；想自己选择枕哪个枕头，就让他选。哪怕他一天要换十几次鞋子，那也是他的自由。要知道，孩子正是通过这种方式在感受自己掌控世界的力量，并从中获得自我效能感和自信心的。

另一方面则是对父母的依赖和对爱的索取。

孩子毕竟是孩子，他们一边跟妈妈作对，一边又希望得到妈妈的爱与包容。这也是为什么孩子在生大人气的时候会打大人，但如果大人想推开他时，他却马上又黏上来的原因。

打人只是他情绪的发泄，孩子内心真正渴望的是父母对他的接纳，是无条件的爱，是不管他做什么都笃定父母会一直爱他、接受他的安全感。

总之，处于反抗阶段的孩子就是这样一个既想摆脱父母控制，又需要父母爱与安慰的矛盾体。往前冲三步，又往后退两步；一下子说不要妈妈，一下子又说要妈妈。那到底要不要妈妈呢？这个问题经常把妈妈都搞晕了。

抓住孩子情商发展的最初契机

“可怕的2岁”是情商发展的里程碑

在儿童心理学研究中，“可怕的2岁”是儿童情绪发展过程中的一个重要里程碑。每个拥有健康依恋关系的婴儿在脱离了婴儿期，开始萌发自我意识之后，都会经历与母亲分离、走向独立的阶段。

此时，只要父母处理得当，孩子就可以在一次次发脾气的过程中认识到自己的情绪，并逐渐掌握情绪的控制与调节能力——这也是情商的重要组成部分。

父母在放手让孩子自己尝试和做主的过程中，孩子的自主性和独立性能得到快速的提升。

更重要的是，在尊重与信任的家庭氛围里，孩子能从获得独立与自我掌控力的过程中获得自信和自我价值感，为探索更广阔的世界打下坚实的心理基础。

反之，在T2阶段，如果父母过度打压或对孩子的行为表现出不理解、反感、不在乎、威胁等负面态度，或给予的是有条件的爱，那么，等待父母的要么是反抗时间的延长，要么是孩子越来越不自信、越来越不敢表达自己，这两种都是父母不愿意看到的结果。

了解了儿童心理发展的规律，知道了T2只是孩子发展的一个必经阶段，是暂时性的之后，家长就可以抱着更平和的心态，化危机为契机，帮助孩子打好情商培养的基础，帮助孩子顺利过渡到下一个成长阶段！

那么，具体要怎么做呢？

陪伴孩子度过2岁关键期

理解孩子发脾气并不是故意气我们

前文提到，孩子之所以哭闹、发脾气，主要是由内心的挫败感引起的。由于孩子尚不具备处理沮丧情绪的能力，只能通过发脾气来发泄自己的情绪，他们的本意并不想故意气爸爸妈妈。

因此，当孩子发脾气时，父母只需陪伴、支持和理解孩子即可。同时，以身示范，让孩子学会面对和管理由挫败感引发的沮丧情绪。

保持镇静

既然要做孩子情绪管理的榜样，那么家长首先要学会控制自己的情绪。如果孩子对我们吼，我们也吼回去，那么孩子会从家长身上学到什么呢？

越是在孩子情绪不稳定的时候，父母越要保持情绪稳定，因为我们是孩子的榜样，是孩子坚强的后盾，是孩子安全感的来源。只有我们保持镇静，孩子的情绪才能更快平复。

我曾收到过一位读者的留言："孩子每次打我，我也总是生气地对他说，'你生气可以，但打人是不被允许的，你打妈妈，妈妈也会生气。'"

这位妈妈前面说得非常好，只是最后一句，用自己的愤怒情绪"硬刚"孩子的愤怒，并不能帮助孩子平息怒气，反而有加剧孩子情绪变坏的可能。此时，妈妈如果能保持情绪稳定，并将最后一句换成"你打了妈妈，妈妈会很疼，会伤心"更好，这么做有助于滋养孩子的同理心。

情绪宜疏不宜堵，拥抱比安慰更有用

有些家长总觉得，孩子哭了，我们有义务马上去安抚，否则就显得自己是无能的父母。其实不用急着去安慰孩子，说"不哭""没事"，让孩子通过哭泣发泄自己的沮丧与愤怒情绪，反而是一种健康的情绪释放。

我的女儿悠悠1岁半时，有一次自己坐在地上练习穿鞋，那是她那段时间最关注的新技能。第一只很快穿了进去，第二只却试了几次都没穿进去，挫败感令她气得用头撞地（好在有地毯），趴在地上号啕大哭。

我尝试安慰她"穿不进去没关系，不用哭啊"，可是她根本听不进去，沉浸在自己强烈的情绪里无法自拔，甚至说不出话来。

我后来才意识到，当时我其实什么都不用说，只需要抱起她，抚摸她的头，耐心等她哭完就可以。有时候，一个拥抱就足以缓解孩子的情绪，帮助他平静下来。

认真对待孩子的情绪

"这没什么大不了的，这点小事有什么好哭的？"父母经常对孩子说这样的话。其实，这是一种错误的引导和示范。

在大人眼中，孩子穿不上鞋子是一件不足挂齿的小事，和“失业”“离婚”等成人世界的痛苦相比简直无法相提并论，因此，成人容易犯下忽略孩子痛苦的错误。但事实却是，人生的每个阶段有每个阶段的痛苦。

所以，再小的挫败，对于2岁的孩子来说，也是真实的痛苦。因此，请认真对待孩子的情绪和他所经历的每一次痛苦。

解释刚刚的经历，命名情绪

等孩子的情绪稍稍稳定之后，我们需要用语言向孩子解释刚刚到底发生了什么，因为孩子对自己的感受仍非常模糊，他们不清楚自己刚才为什么那么激动。理解自己的情绪也是孩子需要学习的，对此，他们并非天生就懂。

> “我看到你刚才自己穿上了第一只鞋，你感到很骄傲。然后你在尝试穿第二只鞋的时候，却没有那么顺利，尝试了几遍都穿不上，所以你感到非常沮丧、生气，想大哭一场，是吗？我非常理解你的心情，想哭就哭吧。”

通过这样的解释，可以让孩子明白所发生的事情与情绪之间的因果关系，帮助孩子命名情绪，多解释引发情绪的原因（如因为你经历了……所以你感到……），孩子就能更好地认识情绪、面对情绪，促进情商的发展。

有了相关情绪词汇的储备，孩子也就不会再像婴儿那样仅仅依靠哭来表达自己的所有感受了。他会发现，用语言来表达自己的感受更准确、更有效，也更容易被人理解。

共情——告诉孩子“我理解你”，并提供替代解决方案

要体会T2孩子正经历的挫败感，父母不妨换位思考一下，如果生活中遇到不能如愿以偿的事，我们自身会有什么感受？我们是不是也希望有人能理解我们的愤怒和无奈，能感同身受我们正遭遇的挫败感？

此时，如果身边最亲近的人都不能理解我们的感受，反而对我们的情绪大加指责，是不是只会雪上加霜，让我们感到更加愤怒和受挫？

想赢得孩子的合作，请先理解孩子，并且把对他的理解说给他听！被理解了，基本的情感需求得到满足了，人才听得进道理，才愿意配合，才能进行理性的思考。

比如，天气很冷，孩子却非要穿裙子上学，而你不想让她穿时，可以试着这样对她说：

> “我理解你非常想穿这条裙子去幼儿园，你想穿给你的好朋友看，和她们分享穿新裙子的喜悦，是不是？我和你一样，也特别喜欢这条裙子。谁知今天这么冷，这条裙子又太薄，穿上它你会冻坏生病的。不能如愿穿上你想穿的裙子，你感到很生气，妈妈能体会到你的感受。”

站在孩子的角度，反复说出他的感受，直到孩子感到被理解后，再说出解决方案：

> “我知道你想穿那条裙子，你觉得它更美，可它真的太薄了。今天我们先穿裤子，妈妈答应你，等天气变暖后一定让你立刻穿上裙子。至于穿哪条裙子，你可以自己选择。”

在替代解决方案中，给孩子一个选择，可以增强他的自主感，减轻被控制感。

比如，如果已经到了晚上睡觉的时间，孩子还不想睡觉，我们也可以

先共情：

> “我理解你还不想睡觉，你还想继续玩儿，你想玩儿……想玩儿……你看到大人都还没有睡觉，你觉得不公平，为什么小孩子要先睡？你不想错过大人的活动。”
>
> 要重复孩子的感受，直到孩子知道，我们是真的能对她感同身受。然后再说：“我知道你不想睡觉，你还想玩儿。但你现在必须睡了，否则你明天早上会很困的。”
>
> 为了缓解反抗行为，我们可以再给孩子提供一个替代方案，让她做选择：“你现在可以自己再选择一本书，讲完一个故事，然后就睡觉。”

有很多妈妈问过我：孩子不穿尿不湿、不穿衣服怎么办？当然也是先共情，帮孩子说出不想穿的原因：

> “你觉得光着身子很好玩儿吧？我理解你，我也觉得你光着身子很可爱呢！《大卫，不可以》那本书里的小男孩儿大卫也和你一样喜欢光着身子。可是，不穿衣服会冷、会生病，大卫妈妈也说，不能一直光着身子呢。你可以光着身子再玩儿5分钟（或10分钟，家长酌情决定），然后就把衣服穿上哦。”

在这几分钟里，可以尽量满足孩子的需求，与他玩儿喜欢的游戏，如捉迷藏、挠痒痒、抱着转圈圈、在床上蹦蹦跳跳这类与父母有亲密身体接触的游戏，这些是最容易与孩子拉近距离，让孩子感到有安全感和感到被爱的游戏。

玩儿完亲密游戏之后，再提醒孩子该穿衣服了，然后给孩子一个选择：“这几件衣服里面，你可以自己挑选穿什么哦，快来自己做决定吧！”

先给足爱与包容，再给予孩子自己做选择的自由，孩子自然更愿意配合。

共情时的撒手锏

关于共情，还有一个撒手锏，就是遇到事情时对孩子说："我小时候也和你一样。"用这一招，能让孩子有种自己顿时被理解的巨大满足感，多数情况下，孩子便不会再闹情绪了。比如，我会试着和孩子说：

> "我小时候也喜欢光着身子满屋子跑，外婆在后面追着要我穿衣服。不过光着身子真的容易感冒，而且容易磕破皮肤，受伤了会很疼的。光一下子可以，我们玩一会儿再穿上衣服吧。"

> "现在你还小，鞋子穿不进去很正常啊。妈妈像你这么小的时候也不会熟练地穿鞋子。先别着急，过几天再试试。"

相信从以上七条应对方法中，大家也发现了，要想化危机为契机，父母需要先接纳和理解孩子的情绪。因为，只有常常被理解的人，才会懂得理解别人，考虑别人的感受——同理心就是情商中最重要的部分，也是人工智能最无法取代的部分。

家长对孩子进行共情，理解孩子的感受，就是在用行动示范同理心到底是什么，更是在播下善良的种子——唯有如此，才能形成良性循环，让一代人比一代人过得更好、更幸福。

与T2的孩子好好沟通，开始情商进阶之路

我们虽然应该全盘接纳孩子的情绪，但并不代表要完全接受他们的不当行为，在T2期间给孩子建立规则同样非常重要。那么，应该如何把握行为管教的尺度以及对坏行为进行纠正呢?

孩子真的听不懂道理吗

对“可怕的2岁”的看法，家长们分为两个阵营。

一类家长认为：“和孩子讲道理是中国人的特色，其实根本没用，孩子根本听不进去。”

另一类家长又站出来反驳了：“宝宝14个月了，他打我，我就会告诉他，我被打得很疼、很伤心，他反而越打越凶。我就举个例子说，我被打得很疼、很伤心，就像你顽皮时被奶奶打了一样，就是那种伤心、那种疼。很意外，宝宝居然听懂了，小小人儿并非不懂事啊！”

这位家长对孩子打人的回应，可以说堪称完美！当孩子听不懂反而越

打越凶的时候，她使用了共情的方法，让孩子从自己被打的亲身体会中推己及人，理解别人的感受。

不过这位妈妈接着说：“然而抵不过猪队友一句话：‘你跟他废什么话，他又听不懂。’然后宝宝就觉得：‘哼，我可以这么任性，因为我不懂。’”

这第二句话真的是道出了“熊孩子养成记”的真谛！熊孩子的家长不就觉得孩子还小，不用跟他讲道理，反正他也听不懂吗？

谁说孩子听不懂？明明是家长没有有意识地去教育，所以孩子才不懂的。

如何说，孩子才会听

其实，和孩子讲道理并非“中国特色”，德国人也爱和孩子讲道理，并且讲的比我们多得多。原来，不是孩子听不懂“道理”，而是大人没有掌握好方法。

就像孩子打了人，我们告诉他“不能打人，打人是不对的”，这算不算在讲道理呢？其实这讲的不是“道理”，而是“结论”，是大人给的结论，但却没有告诉孩子为什么。

真正有效的讲道理，需要抓住三个重点，这也是整个童年时期家庭教育的重点。

懂得换位思考，激发同理心

多向孩子解释，他的行为会给自己或他人带来什么感受，让孩子认识与理解自己和他人的情绪，也是在培养孩子的情商。

比如，如果孩子打了别的小朋友，可以跟孩子说：“你打了小朋友，他们会感到疼、会伤心。你想想，如果你被打了是不是也会很疼、很伤心？你也不希望被别人打吧？”

告诉孩子，他的行为会造成哪些后果

告诉孩子行为的后果，可以培养他的规则意识，让他学会为自己的行为负责。

> “如果你经常打人，小朋友们都会怕你，他们怕被你打疼，所以他们不敢跟你玩儿，会躲着你。没人敢和你玩儿，那你是不是也会很伤心、很失落呢？你也希望有小朋友和你一起玩儿，对不对？那你就要换种方法表达你的愤怒情绪。”

哪怕一开始孩子听不懂，父母也要经常说，避免孩子成为任性以及无视别人感受、做事不考虑后果的人。

给孩子示范更好的做法

可以教孩子用适当的语言表达情绪、学会向他人求助、寻求替代解决方案等，帮助孩子做到更好。这一点必须根据当时的场景和情况来确定，没有标准答案。

> 有位妈妈问：“孩子有时乱吐东西，我让他捡起来，他不愿意，双方就会一直僵持，最后绷不住了，他就会打我，打了又让我抱他，这种情况该怎么办？”

和孩子僵持不下并不能教会孩子什么，还容易演变成赌气，最后因为放不下面子，非想要在孩子面前争个输赢。

孩子为什么打了妈妈又让妈妈抱？正如前文中说的，在遭到大人的拒绝时，孩子其实是希望被大人接纳和包容的。年纪小的孩子很容易将大

人说“不”与“你不爱我了”混为一谈，求抱抱的举动其实是孩子在确认“妈妈是不是还爱着他”。

一般在这种情况下，我会首先共情孩子：“你现在很喜欢吐东西，是不是因为你发现自己掌握了‘吐’这个新技能？你觉得自己会吐了，东西从嘴里飞出来很厉害、很好玩儿？我理解你，我也觉得好玩儿。你在努力地练习新技能，很棒哦！”

再谈别人的感受和后果：“可是吐在地上会把地板弄得很脏，妈妈要不停地打扫，会很累，妈妈也需要休息。家人走路不方便，踩到了也容易滑倒，那多疼啊，万一摔伤了还要去医院。”

然后提出替代解决方案：“不要再吐到地上了哦，你可以吐到垃圾桶里，那样就不会把地弄脏了，妈妈不用一直打扫，大家也不会滑倒了。你试试看，你能不能刚好吐到垃圾桶里？”

在这里，我运用了游戏力的方法，把将东西吐到垃圾桶里变成一个游戏，大人甚至也可以加入进来。在游戏的同时，向孩子灌输“只能吐到垃圾桶里”这个规则。当然，吐到地上的东西还是要收拾起来的，这是规则，也是让孩子学会为自己的行为负责。

在孩子犯倔脾气时，我们不能硬碰硬，而要表现得大度一些，给孩子一个台阶下，向孩子示范正确的做法。不妨一边抓着宝宝的手，一边说：“来吧，妈妈和你一起收拾。你是一个有爱心的宝宝，我相信你也不希望奶奶摔倒吧。”边说边握着宝宝的手把垃圾捡起来。

最后再鼓励一句：“你很棒！你做到了！你看看，一点儿也不难吧？现在你可以去垃圾桶边练习你‘吐’的技能啦！”

用了正确的方法，为什么还是没效果

很多家长尽管了解了给孩子讲道理的三个要点，但在实际操作中还是感觉实用性不强，这个问题要分两方面看。

育儿是一门艺术，不是编程

首先，育儿这件事不像编程那么直截了当，做了A就一定能得到结果B。育儿是一门复杂而庞大的艺术，没有标准答案可以复制，我们同时做A、B、C、D、E、F、G……也许才能得到X、Y、Z……的结果。

面对孩子的教育问题，我们应该融会贯通、多管齐下，综合运用多种方法。一种方法是否奏效取决于很多因素，一种方法行不通，就换另外一种试试。

例如，有些时候，用转移注意力、离开现场的方法就比单纯地讲道理更有效。

悠悠2岁时，有一次，我带她去公园喂鸭子，她看到湖边的鸭子很激动，开始拿面包屑喂鸭子。后来，鸭子吃着吃着就游到湖里去了，悠悠也想跟随鸭子往水里冲。我拉住她，告诉她："你不能去水里，会把衣服打湿，而且你不会游泳，水里很危险。"

可是她那时听不懂，一心只想追到湖里去。我不允许，她就大哭起来。于是我抱起她离开湖边，走向另外一侧的游乐场。虽然这100多米的距离她哭得震天响，但是到了游乐场没一会儿，她就被游乐设施所吸引，将鸭子抛到了脑后。我当天也没再提起过。

但是，一个星期后，带她去游泳时，我趁机提起了这事："你还记得吗？那天你想往湖里冲，你知道冲进去会是什么感受吗？就像现在这样在泳池里，你试一下不套游泳圈在水里会发生什么？" 我让她试了试，她体验到了快要沉到水底的感觉，这时我再给她解释当时拒绝她的原因，她一下子就能理解了。

所以，找准讲道理的时机非常重要，其中饱含育儿的艺术。

注重短期效果 or 长期效果

许多教育效果和影响并不是在短期内能看出来的。对孩子情商的培养、规则意识的建立、性格的塑造都是长期工程，不能指望某一个方法第一次用就立即奏效，一没有效果就马上判定这个方法没用。任何好的方法都需要不断重复地使用和强化，在前期投入大量时间、人力和耐心，长远的收获会很明显。随着时间的推移，育儿也会越来越省心。

不好的方法则恰恰相反，看似前期所需的时间少，又省力（如孩子不听话打一顿就解决了，或者干脆放手不管），可是后患无穷。往往到后面才会发现，孩子越大越不让家长省心。

悠悠妈妈说

我从悠悠婴儿时期起就开始共情，原来也总被我妈妈鄙视，“你和孩子说这么多干吗，她又听不懂”。但到了悠悠2岁半时，有一天我不小心对她吼了一声，她哭着说：“妈妈，你不能这么大声对我说话，你把我吓到了，我怕……”

听她这么说，我在感到惭愧的同时也深感欣慰，看到小小孩儿能这么准确而直接地表达自己的感受，并对我提出要求，已经初步显现出了良好情商的端倪。我知道，我以前对她的共情正在逐渐开花结果。孩子的成长在于家长长期教育的积累，道理讲一次不听，那就讲两次，两次不听，讲十次。如果家长坚持做对的事，持续耕耘，哪怕一时看不到效果，也要相信，总会有守得云开见月明的那一天！

上　篇

高情商的孩子，懂得与自己的内心和谐相处

第一课　如何培养孩子的自信

不知道大家是否发现一个现象：被过分悉心照料的孩子好像永远长不大似的，一遇到困难不是自己先想办法克服，而总想着寻求“场外”帮助。一问原因，孩子会说：“妈妈做得好，我怕我做不好。”孩子这么不自信，身为父母的我们是不是应该自我反思一下呢?

那么，父母要如何引导孩子变得自信呢?

向前一步还是退后一步？要把握育儿的度

在孩子眼中，父母做任何事情看起来都很轻松，而且会做得很好。家长的本意也许是想给孩子树立一个好的榜样，却在不经意间导致很多孩子对自己的能力产生怀疑，变得习惯性地依赖父母的帮助。

育儿过程中对度的把握真是太难了，往往过犹不及。我们既想在孩子遇到困难时跳出来保护他们，又希望孩子能够独立自主；既不能对孩子大吼大叫，又不想压抑自己的情绪；既要展示家长的权威，又想平等地对待孩子；既要尊重孩子的想法，又不想忽略自己的感受。

如何把握这之间的平衡呢？其实也不难，总结起来就是一句话：做真实的父母，不用完美、无须逞强，把脆弱、恐惧、无助的一面展现给孩子，让孩子看到形象立体的父母，这样对孩子的情商发展大有益处。

为什么那么多强势父母的孩子反而很弱势，而弱势的父母反而能培养出强势的子女呢？这其实与父母和孩子之间的互动模式有关，这两者之间的关系非常微妙。就像两个不断博弈的场，你强我就弱，你弱我就强，某一方一直强或一直弱都不是理想状态，在强弱中找到平衡才能让关系最为健康和持久。

一个春光明媚的早晨，我和悠悠走在去幼儿园的路上，她突然仰起头看着我，那张精致的小脸蛋像黄水仙一样清丽，可惜这株水仙花缺了一片花瓣——因为她掉了一颗乳牙。她突然问我："妈妈，大人也会哭吗？"

这个问题引起了我的兴趣，这说明孩子观察到或在思考一些不寻常的事情。

"会啊，你见过我哭吗？"我充满好奇地问她。

"我3岁时在外婆家摔跤的时候你哭了。"没想到那件事过去这么久了她居然还记得，令我有点儿意外。而悠悠的这句话也把我拉回到带她去医院缝针的惊恐回忆里。

当时悠悠受伤了，鲜血直流，我被吓得彻底慌了神，眼泪止不住地往外涌。让我意想不到的是，随着我的哭声越来越大，悠悠的哭声反而越来越弱，最后她甚至停止了哭泣。那一刻，是小小的她用自己的沉着和镇定安抚了声嘶力竭的我。

这件事让我看到，孩子并没有我们想象中那么脆弱，有时大人强，孩子就会显得弱，而如果大人示弱，孩子就会迸发出变强的意愿。

回到现实中，我接着问悠悠：“你还见过哪个大人哭吗？你见过爸爸哭吗？”

她说“没有”，看来她对我那次哭印象最深刻。

我解释道：“大人也会哭，如果大人遇到伤心事，也可以哭。不是只有小孩子才哭哦，每个人都有可能哭，每个人都有不开心的时候。”

我瞥了一眼悠悠，她脸上露出了豁然开朗般满足的笑。

适当示弱，不要逞强

我们平时经常对孩子说：“别哭了，你再哭我就……”这让孩子觉得哭是一件不好的甚至丢人的事，哭是弱者的体现。而当孩子看到一向强大的父母也有痛苦无助的时候，也有哭的时候，他们会惊喜地发现：“哇！你们也有和我一样弱的时候啊！”

这种拥有共同弱点的亲近感，不仅能拉近孩子与父母之间的距离，产生情感联结，更能在心理上给予孩子力量和自信。

孩子需要我们的保护和支持，所以该强大的时候，我们必须强大。但我们并不需要永远保持一副不可战胜的高大完美的形象，孩子也要有发现自己被需要、感受自己不断成长的力量，以及感到与父母平起平坐的机会，所以该示弱的时候，大人也可以示弱。

不必担心示弱会让孩子觉得“大人没有想象中那么强大”，这本来就是事实，孩子在6岁左右就会慢慢明白这个事实。

我们要教会孩子的是坚强，而不是逞强，这两者有本质的区别。坚强是发自内心的自信，逞强只不过是为了掩饰内心的胆怯。内心真正强大的人，都敢于在别人面前示弱，让人感觉舒服自在，这是高情商的体现。同样的道理，如果大人愿意向孩子示弱，孩子反倒更容易发展出清晰的自我意识。

向孩子示弱的正确打开方式

承认错误，学会向孩子说“对不起”

人非圣贤，孰能无过。如果大人做错事了，或做得不好，就大大方方地在孩子面前承认，不必死要面子、掩饰过失。大人的坦诚和谦虚，不但能让孩子感到平等开放的家庭氛围，也是在身体力行地告诉孩子：犯错并不可怕，重要的是勇于直面错误、承担责任，并做出改进。

坦承大人也有不知道答案的时候

当孩子提出问题，而我们并不知道确切答案时，不必含糊其词地回应，不妨直接告诉孩子：“这个问题我也不知道答案哦，我也不是所有事情都知道的，但我们可以一起去寻找答案，怎么样？”以坦诚的态度，引导孩子和大人一起去探索。

如果孩子提出的是一些敏感的问题，大人一时不知该如何作答，也可以诚实地告诉孩子：“这个问题我还没想好答案，给我一点儿时间，等我想好了就告诉你，好不好？”

向孩子袒露真实的情绪

很多家长不愿意让孩子看到自己的真实情绪，害怕孩子看到自己脆弱的一面，使家长高大权威的形象不保。其实，与其在孩子面前故作姿态，不如放下身段，让孩子看到一个和他一样有情绪的爸爸或妈妈，反而更有助于与孩子产生更紧密的情感联结。

比如，累了的时候，就实话告诉孩子："宝贝，妈妈刚才对你大吼大叫，对不起。你想让妈妈陪你玩儿，这没有错，但是妈妈太累了，真的没力气陪你玩儿了，现在只想躺在沙发上看会儿电视。妈妈也会感到累，妈妈也需要休息。现在已经不早了，你快点刷牙睡觉吧，明天我再跟你玩儿。"

人类的任何合理情绪，都可以用孩子能接受的方式向他们表达和流露。情绪不是弱者的专利，但懂得管理自己的情绪却是内心强大的表现。做家长的要让孩子看到父母的情绪表达，了解面对和管理情绪的方法，这是最潜移默化且有效的情商培养的方法。

让孩子感到被需要，多说"谢谢"

在日常生活中，许多事情都是孩子向大人求助，大人总给孩子一种无所不能的感觉。可是家长如果对孩子过分照顾，什么都替孩子做了，就会让孩子变得越来越依赖家长和缺乏自信。孩子会觉得：反正我做得不如你好，还是你来帮我做吧。

作为父母的你有没有尝试过把自己"变小"一点儿，将孩子"放大"一点儿呢？通过向孩子求助，让他们体会一下强弱对调的感觉，也是我常用的育儿方法。

> 对开车这件事我不是很在行，经常迷路，特别怕侧方停车，还经常忘记停车位置。但对于这些开车时的紧张情绪我从不在悠悠面前遮掩，而是会请她帮忙。
>
> 有一次在闹市区路边停车，车位非常狭窄，对我而言这个停车难度是史诗级的。我急得满头大汗，最后只好求助于悠悠。5

岁的悠悠临危受命，下了车在外面指挥，当两车距离非常接近时她就喊停，成功帮我渡过了难关。事后因为协助妈妈完成一项艰巨的任务，她自己还得意了好几天。

孩子天生乐于助人，我们一定要利用好孩子的天性，多给他们表现的机会。多向孩子求助，可以让他们感到被需要，同时也是在给孩子体验和展现自己能力的机会，也能让他们收获自信感。

帮忙的机会越多，孩子越能感到自己对于别人的重要性，也就是所谓的“存在感”越强。被需要、影响力、存在感都是人类的基本心理需求，也是一个人能够自我认可的基础。这也是为什么我们提倡让孩子参与做家务，因为在做家务的过程中，我们有很多机会让孩子体会到被需要，感受到自身的影响力和存在感。

角色扮演，体验强者

在角色扮演游戏中，孩子常喜欢演大人，而要求大人演孩子。孩子的角色可能是医生、老师、家长、售货员，等等。孩子喜欢扮演的多数是生活中的“强者”，这正是一个强弱关系对调的完美游戏，也很好地诠释了为什么孩子那么热衷于扮演这些角色，因为一直处于弱者地位的孩子，很渴望体验做强者的感觉。

在这个游戏中，大人要尽量满足孩子的心理需求，这是提升孩子自信的极佳机会。大人在扮演弱者时，一定要演得入戏，不能太强势。

扮演病人时，要害怕打针，这会促使孩子变成坚强的人来安慰你；扮演孩子时，可以装得害怕上幼儿园，哭哭啼啼；等等。你演得越像个孩子，孩子就越会表现得像个大人。

悠悠妈妈说

家长要在举手投足中潜移默化地影响孩子，尽量减少对他们的说教。孩子的自我意识和性格、情商会在这一点一滴的生活互动中得以塑造。

总之，在孩子面前展示成人真实、脆弱的一面，意味着我们要敢于在孩子面前承认，大人也有弱点，也有害怕做不好和害怕失败的时候，让他们知道，自己的父母也并不是完美的，从而更有信心去面对成长中可能遇到的新挑战。

第二课　从害羞、内向变得自信、大方

一场给我启发的音乐会

有一天，我们一家三口去听儿童音乐会，因为前一年来过，悠悠对主持人已经不再有陌生感。看到他时，悠悠还主动打了个招呼。

音乐会的场地并不大，前几排是为孩子们准备的，后面的座位是留给家长的。入座时，我劝悠悠和其他小朋友一起坐在前面，但她并没有接受我的提议，非要有我陪着才肯去。我不愿勉强，就抱着她坐在了后面的成人区。

音乐会开始后，主持人先向大家致敬，然后拿着话筒向台下的小朋友们提问，孩子们都非常配合，纷纷踊跃地举手。有的外向的孩子没被点到，就一直把手举高，整个人都要跳起来了，直到引起主持人的注意，把话筒递给他才肯罢休。

看到那些表现外向而大方的孩子，我心里羡慕得很。我回头看看悠悠，她正坐在爸爸腿上静静地观察台前发生的一切。

后来进入了参与环节，主持人拿着话筒走进后排座位中，想带动跟着爸爸妈妈一起坐的宝贝们一起唱歌。这时我才发现，很多孩子也是坐在父母身上，悠悠并不是唯一一个。

当主持人又走近一个孩子时，他显得非常紧张、不知所措。接下来也有几个被提问的孩子一直躲在爸爸妈妈的怀里，显得手足无措。

听完这场音乐会，我不禁思考，我之前一直觉得外国孩子比悠悠大方，觉得她是最害羞的一个。现在看来也不是，外向和内向的基因应该是在所有人中都有的。

孩子内向的性格是天生的

曾经有妈妈这样跟我描述她的孩子：非常害羞，不爱跟人说话、打招呼，不敢主动找别人玩儿，明明想加入别的群体，却总是一个人在旁边静静地观察，最后还是落得一个人玩儿。为此，这位妈妈焦虑得经常睡不着觉。

我相信不少父母都曾被类似的担忧所困扰，我自己曾经也是其中一员。但在了解了大量名人逸事和统计分析数据后，我惊奇地发现，其实历史上有很多成功者都是内向的性格，内向并不妨碍一个人适应社会，甚至取得成功。

在我看来，内向的人大多冷静专注、思维缜密、善于倾听，更具领导者气质，而且可以有效避免大量无效社交，也有更多的时间来思考和学习。写到这里，希望父母们把焦虑的心放下，有这么多内向的人都获得了超凡的成就，我们有什么可担心的呢？

一个人是内向还是外向，有着天生的倾向，我们改变不了孩子的基因，很难把内向的人变得外向。

我们能做的就是接纳孩子天生的性格倾向，帮助和引导他们找到适合自己性格的成长模式，并在接纳的基础上尽力改善，帮助孩子适应社会对人的要求。

只要通过适当的训练，一样可以让一个不喜欢讲话的人变得健谈，让一个不喜欢交际的人在社交场合变得游刃有余。

与其焦虑于既定的事实，不如积极主动地寻求解决办法。

如何让害羞的孩子变得更加大胆、自信

我们很难把一个内向的人变得外向，但通过教授其社交技巧、丰富其社交经历，可以将其朝外向的那一面推一把，因为，从90%的内向变成60%的内向是有可能的，尤其是在小时候。作为父母，我们可以通过下面的方法帮助孩子。

建立相对固定的朋友圈，邀请小朋友到家里来玩儿

很多害羞的孩子不敢跨出第一步去主动交朋友，很可能是因为社交经验不足，不知道如何做；抑或过往的社交经历不太愉快，导致孩子害怕再次遭遇不愉快的经历。这种情况下，最好的办法就是父母帮孩子挑选一个或几个合适的玩伴，并时常将玩伴邀请到家里，和孩子一起玩儿。

一个固定的关系良好的玩伴，对于腼腆、害羞的孩子发展必要的社交

技能非常有帮助。孩子可以从朋友身上体验到友情带来的美好，而且在自己家中这种安全的环境下，可以放心地尝试人与人之间各种各样的互动模式，习得社交能力、积累社交自信，转而再逐渐将所积累的社交经验运用到其他人身上。

当然，如果这个玩伴是父母替孩子选择的，那么千万不要强求他们非要在一起玩儿。因为，如果孩子不喜欢这个朋友，那不愉快的社交经历可能会导致害羞的孩子更加畏惧社交。

孩子一个人不敢做的事，请小伙伴陪着一起做

我知道悠悠害怕跟陌生人说话，尤其怕陌生的男性，但我还是希望借助买东西这样常见的社交场景锻炼一下她的胆量。

有一次，我请悠悠自己去买冰激凌，她满口答应下来。轮到她了，卖冰激凌的叔叔刚一开口，她就吓得躲进我怀里哇哇大哭，怎么都不肯再看那个叔叔一眼。

晚上一个人时，我重新思考这件事，心想：如果当时有小伙伴陪她一起去，情况会不会好一些呢？几天之后，我接悠悠和她的好朋友小T放学回家。路过一家面包店时，我问俩孩子：“你们想不想吃面包啊？”

“想！”她们兴奋地喊出来。

“想吃什么面包呢？奶酪面包，还是Brezel咸面包？”

“Brezel!”两个娃异口同声地回答。

“那好，你们要自己去买哦，告诉店员你们想吃什么，别忘了拿回零钱哦！”我把5欧元递给了悠悠，让两个孩子先进去，我跟在后面。

有了小T的陪伴，悠悠明显大胆了许多。进店后，她俩都主

动跟店员打招呼，你一言我一语地说清楚了想买的面包，然后付钱，等待找零。最后，在我的提醒下，她俩又跟店员说了再见。

“你们真棒，主动打了招呼，还会自己买东西了！4岁的孩子果然是大孩子了！”一天到晚想着当小大人的4岁娃们听了我的夸奖后，别提多得意了。

看来，有小朋友的陪伴之后，孩子果然能变得大胆很多。了解了孩子的心理后，我会经常创造机会让她和朋友一起去“尝试闯关”。在好朋友的陪伴下积累成功的社交经验，增长自信和能力，慢慢地，孩子就敢独自应对社交场面了。

先接纳后给建议，多和孩子谈论想法

对父母来讲，很重要的一点是接纳孩子本来的样子。经常告诉自己，我们爱的是孩子本身，而不是他做到了什么。不要总想着把自己的孩子变成别人家的孩子。当孩子的表现没有达到我们的预期时，我们要避免说出下面这样的话：

“要是我的女儿也像某某一样大方，能说会道就好了。”

“你要大方一点儿，将来才能有出息。”

“你怎么这么害羞啊！”

过早地被贴上标签的孩子会接收到负面的心理暗示，教育效果会适得其反，导致孩子做事越来越往后退缩，让孩子产生不必要的心理压力。即使家长有这种想法，也只埋在心里就好了，尽量别说出来。

看到孩子在社交方面做得好的地方，应及时表扬和肯定；不够好的地方，也别着急把孩子往前推，而是耐心地和他一起讨论原因，了解他的想法。在讲述和倾听的过程中，孩子的自我意识将得到加强，经常被倾听、被允许表达的孩子也会更加自信。

如果孩子就想站在一旁观察，看着别人玩儿，或者他一个人玩儿得也很开心，并不想加入别人，父母也不必强迫孩子。在想着让孩子“变得更好”之前，我们首先要让孩子感到，他的选择是被尊重的，他的想法是被理解的。只有在感到被接纳和信任的基础上，孩子才愿意采纳我们的建议。

做孩子坚强的后盾

在孩子感到不自信时，父母及时提供帮助很重要，该出面时就出面。

在前文中提到，悠悠被卖冰激凌的叔叔吓得直哭，她完全沉浸在恐惧的情绪中，当时说什么话她都是听不进去的。

虽然之前说好了要自己买冰激凌，但这个时候我不能再鼓励她“大胆一点儿”，也不能说“你要说到做到哦”。我必须先接纳她的情绪，共情她的感受，所以，我帮她点了冰激凌。然后在从叔叔手上接过冰激凌时，对悠悠说一句：“快看，叔叔帮你做好了冰激凌呢，别怕啦，可以吃啦！”

最后，等她吃完冰激凌，心情变好了以后，我才和她聊了刚才的经历和她的感受，同时，鼓励她可以下次再尝试。

如果注意到孩子在某种情形下不敢主动开口，我们完全可以帮助孩子开启对话，然后再把孩子引入对话中。比如，在游乐场，孩子想加入其他小朋友，却迟迟不敢行动，妈妈可以牵着孩子走过去，和其他小朋友打招呼、聊天，让孩子慢慢加入对话中。

这个破冰的过程给了腼腆的孩子以心理上的预热时间，可以有效地帮助孩子跨出心理上最艰难的第一步。同时，父母在社交上做出的正确示范，对孩子来说是一堂极生动的社交课，孩子会在潜移默化中模仿父母、习得技能。

通过角色扮演游戏克服心理障碍

对于孩子的恐惧心理，我最常用的方法就是在家和孩子玩儿角色扮演游戏，把让她感到害怕的情形一遍一遍地演出来。在这个过程中，孩子有机会在熟悉的环境中反复经历和练习自己平时不敢做的事。就好像在彩排一样，练得多了，勇气就锻炼出来了。

自编自导的幻想故事非常有助于增强孩子的自信。父母可以自己编一个特别勇敢的故事，让孩子做故事中的主角，哪怕只是孩子敢跟邻居打招呼了也是一种进步。基本上，你想让孩子做到什么，就可以把故事编成什么样。

孩子可以在父母编的故事中体验幻想中的情景，就好像自己亲身经历了一遍，当孩子在真实生活中遇到类似情况时，这份积极的勇敢体验将会得到加强。

随着社交经历的增长，很多小时候害羞的孩子都会慢慢地适应与人交往，表现得比小时候更大方。小时候害羞并不意味着长大后不善社交，关键还在于父母的耐心引导，以及丰富孩子的社交体验。

第三课　孩子不爱打招呼？家长这样做，孩子才转变

家有不爱打招呼的孩子

每天早晨带悠悠进幼儿园的大门时，我都会有些莫名的小紧张。

悠悠在幼儿园里出了名的“高冷”，一进大门就开启“单机”模式，把老师和其他家长的热情问候一律屏蔽，装作一副没听到的样子。

好朋友小R的妈妈经常蹲在悠悠面前，摸着她的小下巴，微笑着对悠悠说：“小嘴巴是不是又落在家里了？”每次遇到这种情况，总是让我略显尴尬，忙和老师、家长们道歉。

悠悠的老师对此并不介意，看出我的担心后，她总是耐心地安慰我：“等悠悠想说了，自然就会开口，不要强迫孩子。”悠悠的外公也宽慰我：“你小时候也害羞得很啊，逼你打招呼你还生气呢！长大后不也能说会道吗？所以，小时候不爱开口叫人，和未来会不会跟人打交道没关系。”

其实，人类和所有动物一样，对陌生场景有着天然的警惕性。如果身处陌生之地又被其他人注视，我们会本能地高度紧张。设想一下，你将要在一个陌生的会场给一群素昧平生的人做报告。你站在讲台上，下面有几十双眼睛盯着你，你会不会感到紧张呢？以同理心设想一下，孩子在一个不熟悉的环境中因为紧张而不敢讲话，不也情有可原吗？

摆脱紧张感，积极主动打招呼

作为父母，我们可以积极地想办法，早日帮助孩子摆脱紧张感，让孩子积极主动打招呼。以下几个方法可供大家参考。

为孩子树立正确的行为观念

家长可以时不时地提醒孩子什么是好的行为。比如，我会经常告诉悠悠，主动和别人打招呼是一种礼貌行为（3岁以下的孩子不爱打招呼完全正常），要做一个有礼貌的人。她听得多了，渐渐也意识到了自己做得不够好的地方，并努力改善。

孩子做得不够好时，父母要包容

感觉自己“做不到”某些事时，孩子可能比大人还要沮丧，但他们不一定会直白地说出来。父母如果不理解和体谅孩子，而是继续火上浇油，会让孩子产生“我怎么努力也无法满足父母要求”的无力感和低自尊感。

长期被无力感包围，孩子就会迷失自我，丧失上进的意愿和信心，变得任人摆布。要给予孩子足够的理解和接纳，哪怕孩子现在做得不够好，也要耐心陪着他，等待他内在力量的萌发。

你越接纳和信任孩子，他越会给你意想不到的成长的惊喜。

当悠悠不想和老师打招呼时，我会撒娇似的提醒她："回一句早上好嘛"，语气中没有任何强迫和埋怨，老师也耸耸肩觉得没关系。即使是悠悠最喜爱的奶奶，如果几个星期不见，悠悠见了也一样不打招呼，但我们达成了共识："她需要一点儿时间适应，只是现在暂时不想说话罢了。"

奶奶很懂孩子的心理，她直接忽略悠悠的不开口，而带着悠悠做游戏，抱着她讲故事。不一会儿，悠悠就找回了熟悉的感觉，和奶奶变得亲密无间了。

其实，每个孩子都希望达到父母的预期，让爱他的家人开心，只是有时能力有限，暂时做不到。

但我想，这种上进的力量源自父母和周围环境对他的包容与接纳。事实证明，当孩子感到真实的自己被接纳后，反而更愿意努力去做得更好。

- **慷慨地表扬孩子**

教育孩子最好的时候不是在他做错事情时，而是在他做对事情的时候。对于孩子付出的努力和认真的态度要给予正面评价，即不断给予孩子正强化。

表扬的态度要真诚，而且要对一个具体的行为进行夸奖，比如，"你今天主动打招呼了，很棒！""你的玩具收拾得很整齐，干得真好！"而不是笼统地说"你真棒！""你真厉害！"孩子们都很聪明，你这样说多了，他就知道你是在敷衍。

- **孩子慌乱无助时，父母要及时伸出援手**

关键时刻父母一定要站在孩子这边。别人可以不理解他，但父母一定要理解，要做孩子坚强的后盾。孩子被别人劝着打招呼，被要求表演，孩子不愿意，却不会自己表达时，父母要站出来替孩子说话，不能让孩子陷入孤立无援的境地。同时，观察父母如何委婉有效地拒绝别人，对孩子来说也是一堂生动的情商课。父母可以替孩子把心里话表达出来。

生活中遇到类似的情况时，我会说：“悠悠比较慢热，在不熟的人面前她不怎么说话。等她玩一会儿，适应了就会跟你们讲话了。熟了后话还很多呢！你们先给她一点儿时间。”

另外，还可以提出替代方案，转移话题。说完上面那句，我会再回头看看孩子，并问她：“悠悠，你想不想和奶奶们、阿姨们一起玩儿游戏？”从而消除她的紧张情绪。

游戏是拉近大人与孩子距离最快速的方法，我会提议来访的亲戚和孩子一起玩儿游戏，比如，让大家躲猫猫、猜拳、玩儿桌游，或者让悠悠把她喜欢的玩具拿出来给大家展示，这样，大人和孩子一下子就有了共同话题。

如果是去别人家做客，我们会带一件孩子喜欢的玩具，到了后和主人一起玩儿，这样也能迅速破冰。

做足心理预期，让孩子有心理准备

孩子的恐惧大多源于未知，对于将要发生的事情缺乏预期，就会手足无措，胆怯后退。例如，在参加大型聚会之前，可以提前告知孩子会有很多人到场，甚至会有很多人他不认识；聚会的地方会很吵，会有很多人向他打招呼；会有人拥抱他、亲吻他，甚至要求他表演；等等。

同时告诉孩子，他可以对别人的请求说“不”，但要有礼貌。让孩子知道，妈妈会理解他的感受，并支持他的决定，这样他会更有勇气和底气去面对可能的挑战。

不用蛮力，用巧劲儿

我用上面的方法尝试了一段时间，悠悠仍然倔强地保持着不爱打招呼的习惯，可我能深刻地感受到她正在努力地做出改变。因为她偶尔会羞涩地回应别人的问候，偶尔想开口却最终没有出声时，我知道，有一颗种子已经在她心里发芽了。

终于，在悠悠4岁半的时候，她突然冒出一个新爱好，看到路上的行人，她会一反常态地大声打招呼。这么一个小不点儿热情地打招呼，原本埋头走路的人都忍不住睁大了眼睛以笑脸回应她。每每得到路人的回应，悠悠都会回头看我一眼，骄傲地说："妈妈，我刚才打招呼了。" 仿佛完成了一个艰巨的任务般超有成就感。

回家后，我向悠悠爸爸描述了悠悠主动和别人打招呼的事迹，爸爸肯定了她的进步，还把悠悠举了几次高高。我知道，这个幸福而又有成就感的瞬间将深深印在悠悠的脑海中。

4岁半的悠悠虽然敢主动和路人打招呼了，但并不代表她从此就愿意和所有人打招呼——这是孩子们的一种探索行为，是她在尝试让自己变得更好。但过程中肯定会有反弹甚至倒退，可是这都不足以影响她不断变好的进程。

悠悠妈妈说

我相信，只要孩子感到自己被无条件地接纳和爱，他们内心希望变得更好的本能就会被激发出来，这种本能将驱动孩子自发上进，根本不需要被父母推着走。教育孩子不能用蛮力，而要用巧劲儿，所谓的巧劲儿就是顺应天性，激发孩子的内在驱动力，让孩子自己推着自己前进。

第四课　抓住契机，培养自我负责的能力

遇到小挫折

悠悠3岁那年发生了一个小意外，虽然事情已经过去很久了，但每当回忆起来，我的心仍旧钻心地疼。

有一天，她在家里玩耍时摔了一跤，小脑袋正好磕在了窗台上，当时血就涌了出来，因为伤口较大，还缝了针。我把伤口的照片发给悠悠爸看，他一再安慰我，甚至都没显示出对留疤的担心。因为他的淡定，我悬着的一颗心稍微放松了一些。

悠悠外公外婆最大的担忧是：孩子的爸爸和爷爷奶奶会因为这件事情怪罪我。

为什么要怪我？孩子自己摔了跤，怎么能怪在我头上？看悠悠摔伤我也很心痛，但她已经3岁了，我不可能时时刻刻跟在她后面。就算我那样做，也不能完全防止她不摔跤。不过我父母还是放心不下，生怕我的婚姻

因此遭遇危机。他们说，也许现在离得远不好说，等你回德国后如果还不怪你，那就真的是好公婆、好老公。

对待孩子受伤的态度如此不同

回到德国后，悠悠的爸爸和爷爷奶奶都没提孩子受伤的事，也没有人去关注悠悠脑袋上的伤疤。

我主动提起时，他们也只是耸耸肩，表示事情已经发生了，多说无益。

我扪心自问，如果悠悠是和她爸爸在一起时摔伤的，我肯定会责怪他，甚至还可能迁怒于悠悠的爷爷奶奶。这么一想，我感觉悠悠爸爸一家人实在是很宽容。

为此，我专门问过悠悠爸："你为什么不怪我没有把孩子照看好呢？"他特平静地说了一句很有哲理的话："It happens. Accident happens.（发生就是发生了，意外总会发生。）"

他认为，孩子摔伤只是一个意外，属于孩子日常生活的一部分，而很多意外的发生是人们无法控制和预料的，这不是谁的错，没有必要非得找个人怪罪。如果一定要怪一个人，那岂不是，谁带孩子时间长，谁就倒霉吗？我已经为这场意外感到很伤心了，他不想再火上浇油。他要做的是帮我尽快走出低沉的情绪，恢复平静而愉快的生活。

其实，在我们的生活中，如果孩子发生了一些小意外，家人之间常常互相埋怨。那么，是什么造就了这种爱埋怨别人的习惯？坦然接受事实、不埋怨别人的思维方式是如何形成的？

我从一些家长的教育方式中找到了答案的源头。大家看看下面这些场景是不是很常见。

孩子摔跤了，家长就说："都是桌子的错，是它把宝宝撞到了，奶奶帮你打它。”别人不把玩具让给自己的孩子玩儿，大人就说：“这个哥哥真小气！不是好孩子！我们不跟他玩儿了，我们去买个更好的。”更有甚者，看到孩子打针哭了，安慰孩子：“都怪医生，是他把我们宝宝弄疼了，臭医生！坏医生！”孩子忘记带作业去学校，被老师批评，大人怪自己：“都是妈妈没有提醒你，妈妈没有帮你检查书包。”

很多家长对这样的教育方式不以为意，认为孩子长大后自然就会懂事。事实上，在这种教育方式下长大的孩子，最后很容易变成开口闭口总在埋怨别人的人。因为他们没有在成长中学会从自身找原因，更没有学会为自己的行为负责。

培养责任感和情商的良好契机

事实上，每次孩子发脾气都是培养其责任感和情商的良好契机。孩子因为事情不顺心而哭闹时，家长不应该不讲原则地迁就孩子，更不能为了安抚情绪而帮着孩子推卸责任，将事情怪罪到别人头上或者将责任往自己身上揽。

这么做只会使孩子养成通过“怪别人”来逃避事实和推卸责任的坏习惯，还会给孩子一种错觉：全世界都应该照顾我的感受，都应该围着我转，如果别人没做到，那就是他们的错。

只会埋怨别人，对别人提要求，却不从自己身上找原因的人，又怎么能进步并得到他人的喜爱呢？那么，身为父母应如何教育孩子呢？

让孩子正视错误，引导他找到解决办法

孩子的恐惧源于无知，将事实告诉孩子，孩子理解了之后，反而会更有勇气克服对打针的恐惧，并且这种勇气来自孩子的内心，而不是来自欺

骗。孩子忘记带东西，不应该怪妈妈，而要提醒他自己的事情要自己做。可能说了一两次孩子依旧会忘记，妈妈忍不住想帮忙，但请忍住，因为这不是在帮孩子，而是在害孩子。

如果孩子自己走路摔跤，不要怪桌椅挡路、地面不平，而要告诉他们："下次走路要小心，不要撞到东西，多看路。"只有这样，孩子才能学会注意和避免再次受伤。

别人不把玩具借给自己玩儿，不要怪别人小气，不懂分享，而是问一问自己：在拿玩具之前有征求别人的同意吗？询问方式是否有礼貌？能不能想一想别的办法，通过交换或者合作来换取别人的分享？

孩子体验到了自然后果，必然会从错误中吸取教训。就是因为妈妈总插手，孩子体验不到自然后果，所以才会对妈妈形成依赖。孩子之所以稍不顺心就大哭大闹，是因为他们对挫折的容忍度极低，遇到一点儿不如意，就会感受到强烈的挫败感和沮丧情绪。

引导孩子正确面对挫折和沮丧

在幼年阶段，家长在情商培养方面的一个重大任务就是：提高孩子对挫折和沮丧的容忍度，让他们学会控制和合理表达自己的情绪。

其实孩子没有我们想象中那么脆弱，没必要为孩子营造出生活一帆风顺的假象。生活难免有令人沮丧之处，面对挫折和问题，我们应教给孩子直面困难、勇于承担和努力克服改进的态度，而不是掩盖事实、推卸责任。

父母要发挥榜样的力量

家长对孩子的榜样作用是巨大的，孩子之所以养成爱埋怨别人的习惯，除了上面提到的错误教育方式以外，还有一个重要原因是受到了大人耳濡目染的"熏陶"。

每当孩子出现不良行为时，我们首先应该问的不应只是“我该怎么解决”，而应向内检讨自己：“是不是我做错了什么，才导致孩子出现这样的行为？”可以说，孩子所有的不良行为最终都指向亲子关系中的问题。

家长只有从自己身上找到问题的根源，并做出改变，才能真正解决孩子的问题。

比如，谁都有心情不好对孩子乱发脾气的时候，可是事后我们是如何处理的？是死不认错，怪孩子“就是因为你太不听话，太调皮了，才惹得妈妈对你大吼大叫”；还是坦然地向孩子承认：“刚才是妈妈的错，妈妈因为别的事情而心情不好，没有控制好自己的情绪，把坏情绪都发泄到你身上了。作为一个成人，我不应该用大吼大叫的方式对待你，我以后要尽量控制自己的情绪，有话好好说。孩子，对不起！”

家长的一言一行都会被孩子吸收，孩子会无意识地模仿父母的行为模式。希望孩子成为一个有担当，而不是一开口就埋怨别人的人，家长请首先做出敢于面对事实、承认错误和承担责任的好榜样！

第五课　揽责还是放手？到底要怎样爱孩子

与“队友”争执引发我的思考

事情发生在2018年5月，热情的夏天一点点来临，我对全家旅行的憧憬也与日俱增。

“你计划一下旅行路线吧，要开始订酒店和机票了。”我对悠悠爸爸下达了指令。

“为什么是我？你怎么不自己订？”他言语间带着不满。

“因为你对德国和欧洲很熟啊！你也很擅长计划旅行路线，以前我们出去度假不都是你安排的吗？你只要一会儿就搞定了，而我要研究好几天。”我试图“理性”地和他分析原因。

“为什么你觉得这是我的事？你知道吗，跟你一起出去旅行我觉得很累，你什么都不想，总是依靠我，总是问我明天玩儿什么、吃什么。你连点什么菜都要问我，我还要担心我点的菜你不喜欢。”悠悠爸爸突然像泄洪一样数落起我来，看来真的是积怨已久。

“因为你是德国人啊，欧洲的很多菜单我都看不懂，根本不知道是什么口味，所以才要你帮我点，你清楚我的口味。再说了，你是老公，出去旅行你负责做攻略怎么不行？！什么叫我什么都不想，我都在想怎么照顾好孩子啊！”我为自己辩护起来。

“不只是这次，你平时动不动就叫我给你帮忙，你的手机和钥匙找不到了，你张口就是：‘老公，我的手机呢？我的钥匙放哪里了？’你的电脑出问题，你马上冲着我抱怨。你有什么问题，第一反应总是问我，你为什么不自己去网上找解决办法？很多问题你问我我也得上网找答案啊！你的手机和钥匙不见了，你为什么不自己找，总想要我帮忙？”

面对悠悠爸一连串的灵魂拷问，我一时语塞。他很会照顾人，我也很依赖他，可他以前从没抱怨过，怎么突然变脸了？

悠悠爸继续陈述着他的委屈：“你知道我为什么觉得累吗？因为我在家要照顾两个孩子，悠悠是一个，你也算一个。你把我当成你妈了，总想被照顾。你能不能自己的事自己做，不要总找我帮忙？你想一想，我有经常找你帮忙吗？”

悠悠爸这么一说，我才意识到他确实没有要我帮他做过什么事，基本都是自己搞定的。

真正的爱——不轻易揽责

在悠悠爸指出我的问题之后，我静静地反思了自己过去的行为，发现悠悠爸说的是对的，我在这方面的确有很多要改进的地方。

记得有一次接悠悠放学去上舞蹈课之前，由于忙于写文章，出门之前忘记给她带面包了，娃饿着肚子跳了1小时的舞。

估计那次把悠悠饿坏了，之后每个星期二早晨，悠悠都会主动提醒我："妈妈，你今天来接我的时候一定要给我带面包啊！"听得我哭笑不得。

还有一次是幼儿园的玩具日，我忘记给悠悠带玩具了，她看别人都有玩具，就她没有，哭得伤心欲绝。从那以后，悠悠时不时就会提醒我："妈妈，今天是星期五吗？星期五是玩具日。"看来娃知道妈妈靠不住，只能靠自己。

我把这些事告诉了悠悠爸，本想夸奖悠悠的独立和自理能力，可他却对我讲："You should be ashamed of yourself.（你应该为自己感到羞耻。）"

被孩子爸这么一说，我也觉得很不好意思，连忙为自己辩解："我知道，都是因为我太健忘，逼得悠悠不得不自己记事，她知道指望不上妈妈。"我以前一直把"健忘"当作自己的保护伞，给自己找了个"一孕傻三年"的理由，根本没有意识到问题的根源出在哪里。

"你知道你为什么健忘吗？工作上的事情你记得很清楚，但是生活中就那么健忘，那是因为你以前从来没为这些事操过心。以前你出门，你妈妈会帮你把要带的东西准备好，你从小到大根本没有机会去想这些事，都是你妈妈替你想、替你做了。这让你到现在也没有养成生活自理的习惯。"社会学博士一针见血地指出了我的问题所在。

我是怎么养成生活中的事要经常依靠别人这个习惯的呢？以前在家，我一说东西忘带了，妈妈就把责任往她自己身上揽："都怪我，是我没有提醒你。你的精力都放在学习上了，哪还有时间记这些小事。"我一说有东西找不到了，妈妈马上就会帮我找。2017年回国第一天，我就把手机掉在出租车上了，当时懊恼不已，妈妈在一旁安慰道：“怪我，是我忘记提醒你把手机放好。”

妈妈这种揽责行为，导致我养成了把生活琐事都推给她的习惯，尤其在生活中，我心安理得地依赖她。从小到大，父母给了我无微不至的关怀与照顾，衣食起居方面我不用操任何心，父母对我的要求就是一心一意好好学习，考上好大学，千万不要分心和浪费时间在其他事情上。

我很清楚父母这么细心照料我，时时为我着想和满足我的需求，帮我分担一切与学习无关的事情，是因为他们爱我，希望我有好的前途。从小到大我都是“别人家的孩子”，成绩一直很出色，没让父母操什么心就考上了名牌大学。

工作中我专注、认真，也要感谢父母让我养成了集中注意力做好一件事的习惯和毅力。然而，生活上我却是个“不能自理”的人，以前是依赖父母，现在是依赖孩子爸。因为我在潜意识中总觉得，那些事是不需要我自己做的，是可以指望家人的，我的精力应该放在重要的事情上。

这样思考以后，我突然有种醍醐灌顶的感觉。

真正的爱是让孩子成为独立的人

通过这几件事，我决定不能像父母当年无微不至照顾我那般去对待悠悠。

一方面，因为我很“健忘”，行动上根本做不到事事为孩子考虑周到。可是恰恰由于我无意识的“健忘”，反而成就了悠悠的细心和独立。出门前，悠悠经常会提醒我别忘了带太阳帽、太阳镜、防滑袜、水杯……4岁的悠悠已经可以做到为自己的事负责，而不是处处指望我，这与我小时候完全相反。因此，做个“懒妈妈”反而可以让孩子更自立。

另一方面，我不希望孩子重蹈我的覆辙。生活中她自己能做的事情，我会有意识地尽量让她自己做，而不是什么都往我身上揽。当她提醒我到了玩具日时，我会抓住时机用赞许的口吻说：“你做得很棒啊！你会自己记得玩具日了，以后都要这样自己记哦，这本来就是你的事，不能依赖妈妈帮你记。如果你忘记了，那也是你的责任，不能怪妈妈。”

在和德国父母接触多了之后，我发现他们都是这么做的。

他们从小就要求孩子出门前准备自己的东西；小学期间，不管是迟到（孩子自己导致的）还是未完成作业，都由孩子自己承担后果，老师不会怪到家长头上。孩子与父母的责任界限很分明。

可我将这些做法告诉我的父母后，得到的反馈却是：德国人不爱自己的孩子，他们竟然连自己的孩子都不帮！这个反应让我感慨万千，因为我不是第一次听到这种话了。

其实，可怜天下父母心，全世界的父母都是爱孩子的，只是大家爱的方式不同罢了。

德国父母的爱，是希望孩子能成长为独立的人，所以他们培养孩子为自己的事操心，自己的责任自己承担，懂得为自己的行为和所造成的后果负责。

多数中国父母的爱，尤其是上一代人的爱，是事无巨细地替孩子考虑，替孩子包办，把孩子的所有事都当成自己的事，甚至为了保护和安慰孩子，把孩子本该承担的责任都替孩子承担了，永远都把孩子当孩子看。当孩子表现得无法独立自主时，做父母的真应该好好反省自己的教育方式。

亲身示范如何独立解决问题

意识到自己成长中的问题后，我开始逐渐克服自己的思维惯性，希望给悠悠做个好榜样。这个过程一定不是一帆风顺的，毕竟想转变二十几年养成的思维惯式，并不是件容易的事情。

> 一天下午，我和悠悠在家门口的草坪上玩儿飞盘，一截调皮的树枝“抓”住了飞盘。当时我的第一反应是叫悠悠爸来帮忙，不过好在理性战胜了惯性，心想：“不行啊，我不能一有事就找孩子爸帮忙，这不是给孩子树立坏榜样吗？这怎么培养她独立解决问题的能力呢？我应该自己想办法，身体力行地向悠悠做好示范！”
>
> 于是，我告诉悠悠，我们要一起想办法把飞盘摘下来。我打开她的背包，里面正好有块手绢，我灵机一动，提议道：“悠悠，我们把两根树枝绑在一起就可以够到飞盘了，我们一起找找长度和粗细合适的树枝吧。”悠悠的兴致被调动起来，在树丛里找来好几段树枝，我将它们打结，发现第一根树枝太细太软了，根本撼动不了挂在树上的飞盘。我们又试了另一段更粗的树枝，最后成功将飞盘摘下来，悠悠高兴得不住拍手。
>
> 虽然是一件小事，但是让我和悠悠都体会到了独立解决问题时的成就和喜悦。

之前多次请求悠悠爸帮忙把电脑和打印机做个网络连接，但他一直抽不出时间。在他指出我的问题后，我决定不再依赖他，自己上网找到了解决办法。当悠悠爸发现打印机已经可以无线连接电脑时，欣慰地感叹道：“你竟然没等我帮忙，自己想办法解决了！不错啊，再接再厉，以后也要多这样做！”

在寻找方法的时候确实很有挫败感，但成功后的喜悦是无法形容的，孩子爸真的教会了我很多，而我也可以更好地给孩子示范如何独立解决问题。

悠悠妈妈说

亲爱的爸爸妈妈，世上没有完美的父母，你们的教育方式受到了你们所属时代的局限，那个年代哪有像现在这么多先进的育儿知识可以学习。但于我而言，我现在有机会意识到自己身上的问题，并且从原生家庭中找到根源，我必须正视它，并且从自身开始做出改变。

从自己的成长经历中反思那些错误的教育方式，从改变自己做起，让变化在我们这一代父母身上发生，我们的孩子一定会更幸福。

如何当父母是需要不断学习的，感谢孩子促使我们成为更好的自己。

第六课　说到做到的后果教育

说到做到的妈妈

行为无法预测，情绪变化无常，用来形容小孩子最贴切不过。前一秒还千依百顺，下一秒就倔强得令人欲哭无泪。绝大多数家长都遇到过孩子不听话、闹别扭的情况。遇到这种情况应该怎么做呢？是顺着孩子的意思，还是强制要求他们执行呢？

悠悠3岁时，和好朋友Renee一起报名参加了音乐启蒙班，两个孩子都很喜欢这个课程。但是有一次，Renee闹了点小情绪，不愿意去上课。当时我带着悠悠进入大厅，Renee和她妈妈正在讲话。看到我们进来，Renee的妈妈跟我们打过招呼后摇摇头说：“Renee不愿意进去。”

我劝了劝Renee：“要不要和悠悠一起进去，你们俩可以互相做伴啊！” Renee看着我一脸嫌弃地说：“不要，不要！我不想上音乐课，我要回家！”

把悠悠送进音乐教室后，我回到了大厅。此时所有的孩子都已经进去，只有Renee还在外面。我以为她妈妈会带她回家，没想到她们两人一直坐着不走。

Renee妈妈解释道：“Renee可以自己决定要不要来上音乐课。去幼儿园接她的时候，我特地问了她要不要来上课，问了两遍，她说‘要’，所以我才送她过来的。到了之后她又变卦不想上了，那怎么行？她可以选择不进教室，那我们就一直在这坐着，坐1小时，但不能回家。”

“哇！”我心想，“这个妈妈真狠”，看着Renee坐在妈妈身旁一脸接受的表情，我知道这个孩子早已习惯了她妈妈的风格，完全没有讨价还价、打滚耍赖的意思，只是淡定地吃着东西。

另一位也在大厅等待的妈妈说话了：“我理解你的做法。今天早上我女儿不想换衣服，我问了她好多遍，能不能把衣服换了，她一直说‘不’，后来我就让她穿着睡衣去幼儿园了。”

旁边又有几位妈妈加入对话：“是是是，我家也一样，我的孩子也有穿睡衣去幼儿园的时候。”

听到这我有点难以置信，悠悠也有早上不想换衣服的时候，但我一般就是强行将她按住，然后迅速穿上衣服，换衣服这事还有什么好讨论的吗？我当着大家的面冒险问了一句：“呃，你们不能强迫孩子换衣服吗？”大家皱着眉头看着我，好像没有人想过使用强迫的方法。Renee妈妈在旁边解释道：“我强迫也没用的，越强迫孩子越不想穿。不如让她穿着睡衣去幼儿园，体验一下自然后果。”

后来，Renee在大厅待了半小时之后自己决定进教室了。这位妈妈用行动教育了孩子，什么是“说到做到”和“承担后果”。

后果教育

德国法律规定：儿童有权接受非暴力教育方式。体罚、精神伤害和其他任何有辱人格的行为都是被禁止的。不能打、不能骂，不能强迫，那德国人靠什么来管教孩子的行为呢？

Be consequent（后果教育）——是德国人教育孩子时反复强调的态度，即行为本身的后果就是对孩子最好的教育，无须外部强迫或惩罚。而德国爸爸妈妈执行起“后果教育”真的是说一不二，始终贯彻到底。

冬天去幼儿园接孩子，有时会看到户外活动时，有不戴帽子或不系围巾，甚至有没穿外套的孩子。老师给出的答复是：“我们都会给孩子穿外套、戴帽子、系围巾，但如果孩子坚决拒绝的话，那也只能随他，冷不冷是他自己的感受，觉得冷了自然会想戴的。3岁以下的孩子实在拒绝戴帽子、系围巾，那就不能出去玩儿，只能待在室内。是戴帽子还是待在室内，由孩子自己决定。”

“那如果孩子因为没戴帽子，没穿外套，在外面玩儿生病了呢？”我好奇地问老师。

“那也是他自己选择的自然后果，孩子要学会承担自己行为的后果。这次病了，下次就知道出去玩儿要穿暖和了。我们会在孩子做出选择时，明确告知每种选择的相应后果。”

没有强迫，没有过多的说教，尊重孩子的选择，哪怕是错误的选择，让孩子从自己行为的后果中领悟教训，是德国人爱用的“后果教育”。德国人不怕孩子犯错，也不怕孩子走弯路。在他们眼里，犯错、承担后果、总结经验、改善行为是儿童探索、学习和不断完善自我认知的必经之路。缺少了这个过程，孩子就学不会为自己的行为负责。

我来小试牛刀

我后来也把这种教育方式用在悠悠身上，还真是颇有成效。

在悠悠外婆家期间，每到喝牛奶的时间，悠悠总爱和外婆作对，故意拖延，一杯牛奶能喝半小时。外婆为了哄悠悠快点喝，用尽了各种办法，每次都累得像脱了一层皮。

回到德国后，我打算尝试“后果教育”，我告诉悠悠：“喝牛奶是你自己的事，我是不会像外婆一样追在你后面求着你喝的。如果我洗完脸你还没喝，那我就喝了。”

第一天，看到放在茶几上的牛奶纹丝不动，我故作淡定地对悠悠说：“牛奶放茶几上都凉了，你还不喝，看样子你是不想喝了。我喜欢喝牛奶，那我就替你喝啦。”我一狠心咕咚咕咚地把牛奶喝掉了。

第二天，又是一样的情况，我又狠心一咬牙把娃的牛奶喝进了肚子里。悠悠哭了，不敢相信我再一次喝掉了她的牛奶。女儿的牛奶被我喝了，我虽然也心疼，但后果教育的精髓是说到做到、坚持原则，让孩子体会到后果才能发挥教育的功效。

我只好安慰道：“抱歉，我知道你现在非常想喝牛奶，但我提前提醒过你，要在我洗完脸之前喝掉，现在已经到了刷牙时间，不能再喝了。你明天想喝的话就动作快点哦。”

到了第三天的喝牛奶时间，悠悠又磨磨蹭蹭的，我提醒她：

“你不喝我喝了啊！” 并做出要拿杯子的姿势，她马上跑过来抢过杯子，大口大口地把牛奶喝光了！

只花了不到一个星期的时间，就把悠悠拖延的坏习惯给改过来了。从此，悠悠喝牛奶再不用我催着喝了，因为她知道，喝牛奶是为自己喝，不是为妈妈喝。如果磨蹭，牛奶就到妈妈肚子里去了。妈妈可不是开玩笑的。

可能有人会将“后果”与惩罚混为一谈，其实德国父母是不提倡惩罚孩子的。所谓“后果教育”，是让孩子体验行为的自然后果或者逻辑后果，而不是人为强加的惩罚。如此，孩子才能理解行为与后果之间的因果关系，从而建立正确的行为准则。

悠悠妈妈说

家长的教育应该在后果出现之前进行，温和而明确地告诉孩子，他的行为会产生哪些后果。而当后果产生后，家长即使不说话，孩子也已经体验到了“惩罚”，并且知道了要改正。这时若再火上浇油地说“你看，我早说了你不听，早知今日，何必当初”这样的话，反而会引发孩子的逆反心理，将孩子置于我们的对立面。

坦然让孩子承担他们本该承担的，体验他们本该体验的，是作为家长的修行。我们要相信，孩子有从错误和挫折中自我学习与成长的能力。也只有我们相信了，孩子才能真正获得这种能力。

第七课　尊重孩子——父母的修行

特别的“520”隐藏着孩子的尊严

每年的“520”都是女士们收红包的大好日子，2017年的“520”，英国凯特王妃的妹妹Pippa收到一个分量十足的“大红包”——未婚夫James为她准备了一场令人印象深刻的婚礼。

James在Pippa娘家的绿地上为未婚妻打造了一座透明的宫殿作为婚礼的派对场所。这不是一个简单的玻璃房，而是比照1851年伦敦海德公园里的水晶宫殿建造的，所有的玻璃都从比利时进口。

婚礼结束后，部分照片发布于网上，在感叹宫殿美轮美奂的同时，我还发现了一张有趣的照片：乔治小王子因为在婚礼上表现淘气，被妈妈凯特带到教堂外面一个没人的地方好好教训了一番。是不是只有王室在批评孩子时需要找个角落，避开众人？是不是只有在皇室婚礼这么重要的场合我们才需要在教育孩子时如此小心翼翼？不是的，这应该成为一种常态。

保护孩子的隐私从幼儿园开始

悠悠幼儿园有几位经常迟到的家长。有一天，幼儿园门口贴了一张通知，上面写着：请在9点前将孩子送进幼儿园。当时我的脸一红，心想，这里面应该也包括我，因为每天我和悠悠都是踩着点到达幼儿园的。从那以后，我们每天都提前10分钟到。

还有一次，幼儿园公告牌上出现一张“告示”：请不要将生病的孩子送到幼儿园！并在下面列出了一系列属于生病以及不属于生病的情况。其中，最常见的是发热和腹泻、呕吐症状，有这种情况的孩子是绝对不允许送到幼儿园的，因为有传染病毒的可能。

而那几天悠悠正咳嗽，我想：不会又在说我吧？虽然一般咳嗽不属于生病范畴，可以送幼儿园，但剧烈咳嗽的幼儿却是不允许被送幼儿园的。我怎么知道“一般咳嗽”和“剧烈咳嗽”之间的区别在哪里呢？

放学时，我好奇地去问了班上一位消息很灵通的妈妈：“你知道为什么幼儿园要贴一张‘不要将生病的孩子送到幼儿园’的告示吗？”

“哈，班上有个小女孩昨天发热了，她妈妈给她吃了退热药后就把她送到了幼儿园，自己继续去上班了。”我心里感到一阵放松，看来暗指的并不是我。

在德国幼儿园，如果得知哪个孩子得了传染性疾病，幼儿园有必要告知所有家长，让未生病孩子的家长自行决定是否在那几天继续送孩子去幼儿园。比如，我们幼儿园曾出现过一个孩子患手足口病的例子，老师中午一发现疑似症状，就立即给孩子妈妈打电话让她把孩子接走了。

但是，为了保护患病孩子的隐私，幼儿园规定，老师不得告诉其他家长具体是哪个孩子生病了。但幼儿园会在告示牌上贴一张告示：最近幼儿园出现某传染病例，请知悉。

从幼儿园进入学校后，老师仍然会保护和尊重孩子的隐私，绝不会当着全班学生的面念分数，卷子被遮得严严实实，一对一地交到学生手中，不会让其他人看到分数。按分数排名次更是不可能的事，那会被认为是侵犯隐私，有侮辱人的嫌疑。

对父母育儿的启发

以上这些做法，都对我们育儿有着非常好的启示：我们在教育孩子时也应该分场合，要懂得给孩子留面子，保护孩子的隐私和自尊不受到伤害。

尤其是在以下两种情况下，父母更应该特别注意。

在公共场合时

孩子都有着很强的自尊心，在公共场合，有些话不适合当着别人的面对孩子说。例如，当着孩子的面，对别的家长抱怨自家孩子的缺点："我孩子画画不行，数学也学不好，没你家孩子有天赋！""他这次考试又考砸了！比你家孩子差多了！"

在众人面前将自家孩子与别人家孩子做比较："你看哥哥好会玩儿拼图啊，你怎么就不爱玩儿呢？哇，哥哥好厉害，你不行啊！""你看妹妹已经会背二三十首诗了，你才只会两首！"

家长以为这样做会让孩子越挫越勇，实际上容易对孩子形成心理暗示，越是这么说，越容易造成负面强化，比如，当众批评孩子。如果不是阻止孩子打人或破坏公共秩序这类非常紧急的事，不要当众大声批评或羞辱孩子，那样会让孩子觉得很没面子。就像凯特王妃一样，可以找个人少的角落，不紧急的问题可以等到回家后再慢慢教育孩子。

在孩子失落时

作为父母，我们经常会告诫孩子不要做这个，不要做那个，一心想着为了孩子好。可是孩子有时候偏偏不信邪，就想亲自试验一下。等到孩子发现自己错了时，很多父母就忍不住秀智商上的优越感：“看到没？我早就警告过你的！不听老人言，吃亏在眼前。”

其实，哪怕我们不说出来，孩子心里也已经明白自己做错了，何必非要说出来让他感觉更糟糕呢？这么做反而可能导致孩子更加叛逆。不妨给孩子留一点儿面子，这有助于我们拉近与孩子的距离，孩子从此会更愿意向我们坦白，并倾听我们的忠告。

就像德国幼儿园贴出的告示那样，不用当面点名，做错了的人自己就会感到羞耻并收敛行为，还会感激贴告示的人照顾了自己的面子。

父母要永远以平等的姿态对待孩子。孩子也是要面子的，所以，请尊重他们的面子。

你若不希望别人那样对你，就不要那样去对待孩子。

第八课　害羞、内向，还是高敏感

你家是否有这样的孩子？经常因为一点儿小事就哭哭啼啼，非常情绪化，批评不得；喜欢看着别的孩子玩儿，想加入却又不敢，在陌生环境中表现得特别谨慎，常被人说“害羞”；穿衣服、袜子、鞋子特别挑剔，因为一根线头或者一个标签就这里痒、那里痒，这也不舒服、那也不舒服。衣服只要打湿了一点点，就绝对要脱下来；很怕噪声，会被突然的响声吓得哭起来；擅长察觉环境中的小细节，什么都看在眼里，记在心里。

很多大人没有注意到的细节，都被他留意到了；有很强的同理心，好像拥有读心术，能猜到别人在想什么，甚至很会操控大人；有幽默感，喜欢提问。

如果以上这些情况你们都遇到过，那么说明你家孩子是一个高敏感宝宝。在我家，悠悠是高敏感，她的爸爸马克思也是。

什么是高敏感

“高敏感”一词，并不是由心理学家随便说出来的，而是由脑神经科学家和生物学家发现和定义的。

知识链接

高敏感

在脑神经科学领域，高敏感人类被称为Highly Sensitive Person（简称HSP），高敏感孩子叫Highly Sensitive Child（简称HSC）。

这个专业名称由Dr .Elaine N.Aron（伊莱恩·阿伦）提出，她是世界上提出HSP概念的第一人，目前，也是HSP研究领域最权威的学者，出版过几本关于HSP的著作。

高敏感人群是近20年来比较新的发现，这个概念目前在大众生活中并不普及，很多人明明自己是高敏感却不自知。

HSP在人群中的比例约占15%～20%，这个比例不算低，但它不是一种病，反而可以看作一种基因优势。

HSP的神经系统比一般人更加敏锐，表现为对周遭环境的高响应，无论是对灯光、声音、气味，还是对人们的情绪，HSP都会比一般人的大脑做出更快、更强烈的反应。

高敏感儿童因为具有敏锐的意识，通常在智力、创造力和情感上都有天赋，在幼年时就表现出真正的同理心和高情商；缺点是他们也容易被人群、喧闹、新情况和其他人的情绪困扰所淹没。

高敏感人群的特征和表现

很多人会误以为，一个人是否高敏感与原生家庭的教育方式有关，其实它完全由基因决定。也就是说，一个人要么是HSP，要么不是，并不存在中间值。

脑神经科学家给HSP总结归纳出了四大特点，即同时具备以下四点才能被认定为HSP。

处理信息的深度

HSP喜欢思考有深度的问题，问“大问题”，使用不符合其年龄的“大词”，有幽默感；做决定时优柔寡断，因为需要同时思考太多方面和可能性，脑子里有大局观；对陌生人和新环境慢热又谨慎，因为总要先进行观察和全面思考后才会采取行动。

容易受到过度刺激

对变化、疼痛的反应比一般人更强烈；噪声能让HSP感到生理上的实际疼痛；爱抱怨太冷或太热；常觉得鞋子、袜子不舒服，衣服穿着痒；因为太兴奋而难以入睡或者半夜醒过来；需要独处和安静玩耍的时间（相对于热闹的多人玩耍）。

即便HSP和其他人处于同一环境，由于神经的高敏感特质，他们从环境中接收的信息也要远高于他人。一般人也有受到过度刺激的状态，只是HSP更容易达到那个阈值。

超强的情绪感知力和同理心

因为HSP更关心周遭环境中的一切，他们对情绪的感知力也特别强，在社交互动中能够很自然地知道对方在想什么，能感知对方的感受，具备超强的同理心。

对所有的事物都有更深的感受，容易哭泣，有些完美主义，对犯下的最小错误或者不顺心反应强烈；容易注意到他人的痛苦和困扰（包括同学、朋友、家人、陌生人，甚至是电影里面的人物），产生共情。

在脑神经科学家进行的大脑研究中，HSP和非HSP分别观察了陌生人和浪漫伴侣的照片，这些照片表达了幸福、悲伤或中立的情绪，研究显示，HSP的大脑尾状叶区域（与意识相关的区域）会明显表现出更高的活跃性。

对微妙的刺激很敏感

HSP对微妙的声音、气味、细节等都高度敏感。但HSP的高敏感并不仅仅是因为感官发达，还因为在大脑层面有更多的思考活动，这促使他们比一般人有更强的感知力，更容易注意到不起眼的细节。

这一点也有很多脑科学实验可提供力证：让HSP和非HSP同时观察有细微差别的两幅画，或者在跳动的画面中寻找细节目标，HSP的大脑活跃度明显高于非HSP，他们能够更快、更准确地找出差别。

完成实验任务后，HSP也比非HSP感到更累，这可以理解为他们用脑更多，所以更容易感到疲惫和压力。

以上四个方面是相辅相成的，不可分开看待。若没有强烈的情绪反应，就不会引发深度的信息处理和思考；喜欢深度思考，意味着喜欢关注和察觉细微之处；正因为太容易从环境中接收信息，大脑要处理的信息太多，所以更容易感到过度刺激。

在不了解HSP的情况下，家长们容易误把HSP等同于内向、害羞，而事实上，有30%的HSP是外向性格。

高敏感是优势，还是劣势

如果家里有一个高敏感的孩子，家长是该高兴还是苦恼呢?

高敏感是一把双刃剑，如果孩子在童年时期得到别人很好的理解和接纳，有一个快乐的童年，那么成年后他会和其他人一样感到快乐，甚至会更快乐。

而如果童年经历不那么愉快，感受到了过多的压力和负面情绪，那么他们成年后也比有着同样童年经历的一般人更容易抑郁、焦虑和害羞。

因为HSP对一切事物都有更高的感知度和响应，不管是对负面的，还是正面的刺激，他们都会受到更大的影响。

有研究发现，HSP在压力大的环境中，比其他人更容易生病和受伤；但在压力小、家庭幸福的环境中，却比其他孩子更少生病和受伤。也就是说，HSP受到成长环境的影响比一般人更大。给他提供一个好的环境，他能比一般人成长得更好、更快乐；给他提供一个差的环境，他会比一般人受到更大的伤害，后果更严重。

研究者因此得出结论：快乐的童年和良好的教育环境对HSP至关重要，因为他们能从中受益更多，这种受益体现在学习成绩、社交能力、自控力、安全感、道德感等方方面面的发展上。

综上所述，高敏感到底是优势还是劣势，取决于我们提供给孩子怎样的养育环境。环境好，HSP的基因优势会得到放大，发展为一种别人没有的天赋；环境不好，HSP的基因劣势也会被放大，使人陷入更深的痛苦之中。

第九课　如何养育高敏感孩子

接纳孩子天生的敏感

首先要做到接纳

如何因势利导教育好孩子，是有高敏感娃的父母最应该思考的问题。很多父母都觉得，养一个高敏感娃太累了，经常被他们折磨得情绪崩溃。

一个非HSP的孩子如果从秋千上摔下来，可能哼两声就过去了，不会放在心上；而像悠悠这样的高敏感娃，总是想得特别多，内心活动丰富无比。她注意到了摔下来时被远处两个孩子笑话了，会哭得停不下来，再也不愿意回到秋千上。

因此，作为HSP的父母，我们也不得不变得敏感一点儿，去接纳HSP孩子天生的敏感。

父母如何接纳高敏感孩子

• 接纳孩子的天性，视高敏感为天赋，而不是缺陷

孩子不断哭泣、退缩和回避正常的社交场合，让我们很容易对他们感到沮丧和生气，发出“为什么你就不能和其他孩子一样”的拷问。

千万不要认为孩子有缺陷而去指责他，并且一定要求他做个“正常”的孩子。高敏感是基因决定的，后天无法改变。拥有高敏感基因的人，不管是孩子还是成人，都无法强迫自己变得不敏感。

不要对孩子说：“这点儿小事有什么好哭的？你怎么那么爱哭？”而是理解他的情绪，陪他在情绪里待一会儿。

悠悠爸爸马克思就对细节极其敏感，在餐厅吃饭，他做不到不听旁边桌上人的谈话，那些背景声不受控制地一一钻进他的耳朵，并被大脑处理。我俩一起走在街上，他接收的信息远远比我多。

面对同一个人讲话，我可能只记住了那个人的脸，而马克思却连人家穿的衣服鞋子、戴的耳环、妆容通通都记住了，还能从肢体语言、面部表情和措辞入手，把对面陌生人的家庭背景猜个八九不离十，让我经常感叹他会看人的特异功能。

敏感性通常是创意艺术家、创新者和高天赋孩子的特质。历史上一些著名的人物如卡尔·荣格、约瑟夫·坎贝尔、亚伯拉罕·林肯和罗斯福都被认为是HSP。

父母首先充分了解自己孩子的能力（如创造力、洞察力和敏锐的感受力）非常重要，因为这可以帮助我们在面对挑战（即情绪化、内向、挑剔、害羞或过度活跃）时，更加从容淡定。

• 和孩子成为合作伙伴

高敏感的孩子通常都很通情达理，因为他们本来就很擅长理解别人的情绪和需求，所以常常表现出懂事和愿意合作的样子。对这样的孩子，

好好讲道理和共情，明显比冷冰冰的命令和严酷的惩罚更加有效。相反，严厉的纪律和强迫反而可能引发我们想要避免的行为，如情绪崩溃和大发脾气。

与孩子合作意味着我们要充分了解和预见，在哪些情况下可能引起高敏感孩子的不适，从而接纳孩子的不适，并试图支持和帮助他们。比如，知道与陌生人群接触可能引起孩子的不适，那么就尽量提前帮孩子做好心理建设，并陪伴孩子慢慢克服，而不是一味地把孩子往前推，强行鼓励孩子去尝试。

- **不要施加过多压力**

高敏感的孩子对别人的想法和感受都非常敏感。哪怕没有来自父母和老师的压力，他们也会本能地希望尽量做到让别人满意。这样的孩子在学校表现不会差，因为他们有很高水平的羞耻心和觉察性，对自己要求高，希望尽量把事情做好，无法容忍随便凑合。

不过，有时候正因为太想把事情做好，顾虑太多，反而导致迟迟不敢开始，退缩不前。这时，父母要做的不是施压，而是帮孩子减压，给予孩子尝试的信心和支持，或者陪着他等一等，接纳他的短暂性退缩。切不可采取激将法，指望孩子在负面的语言打击之下越挫越勇，这一招对HSP来说只会适得其反，越强迫他，他就越不想做，还会影响亲子关系。

- **创造平静的氛围**

由于高敏感的孩子在很大程度上受到家庭和学校环境的影响，因此值得花些时间来创造与其天生气质相符的空间和氛围。

允许孩子在家里搭建一个属于他自己的空间。悠悠很喜欢用椅子、沙发垫、抱枕、羊毛毯子等来搭建她自己的小窝，然后把一堆毛绒娃娃放在小窝里。她可以一个人躲在狭窄的小窝里和毛绒娃娃玩儿2小时，有时甚至非要在小窝里睡觉。

高敏感的孩子需要在这种宁静又安全的环境中独处，从而重新恢复面对外部世界所需的能量。

- **制订温柔的规则**

由于HSP的高敏感性，他们本身能够很好地适应和遵守规则，但是试探大人的底线是每个孩子的天性，不能因为孩子敏感就屡屡失守，该守住的底线还是应该坚持。

在规则的制订上可以和孩子有更多讨论，充分考虑孩子的需求，制订人性化的尊重孩子的规则。

- **教孩子学会拒绝**

HSP是天生的内心温暖的人，他们时时刻刻为别人着想，愿意为别人付出更多。由于不想伤害他人，常常把他人的感受放在自己之前。

这样的特质能为HSP赢得好人缘，但活得会有些累。父母可以从小告诉孩子，把自己的感受放在第一位是被允许的，拒绝别人不代表自私，有必要设定界限，不要在帮助他人时忘了自我。

- **做一个合格的倾听者**

HSP的情绪很敏感，经常陷在情绪里，并不需要他人建议，也不想听到“为什么你不该有这样的感觉”的话。有时，他只是需要你安静地、不带预设和评判地听，然后理解他、安慰他、陪着他就好。

如果孩子不愿意去学校或者参加某项活动，可能有更深层次的原因需要父母去挖掘。HSP对不公、嘲笑、孤立、欺凌等行为有着更深、更强烈的感受。

而能够听到孩子真正心声的前提是，让孩子感到，告诉父母真相是安全的，是会得到理解的，是能引起共鸣的，否则家长可能永远无法走进孩子的内心，了解孩子的真实想法。

不同父母养育高敏感娃的优势和劣势

在我家，因为马克思就是HSP，所以他非常理解同为HSP的悠悠。在悠悠出生的头几年，马克思陪悠悠并不多，我一度担心悠悠将来会和马克思不亲。没想到在悠悠会说话以后，马克思用他那超强的共情能力很快赢得了悠悠的亲近，一个人带娃也得心应手。

有次悠悠放学回来想看动画片，我没有答应她，本来还开开心心说学校很好玩儿的她一瞬间大哭起来，像个小宝宝一样跺着脚，挥舞着手，嘴里“咩咩”地说着别人听不懂的宝宝语。

马克思马上在旁边安慰她：“哦，我太理解你了，你在学校需要像个大人一样行为得体，当了一天的大人你累了，所以回到家就想当小宝宝任性一下，撒撒娇，做回小孩子。我小时候也是这样的！”

听了马克思的话，我顿时理解了悠悠，啥道理也不用讲了，先把她抱在怀里当小宝宝抚摸、亲吻一顿。

然后又学着跟小宝宝讲话的语气对她说：“你累了吧？我们先吃点东西，别老想着看动画片啦，吃完了妈妈陪你玩儿，玩儿什么你来选，好不好？”

悠悠真的很快就平静下来，学着宝宝的样子撇着嘴点点头说想吃汤圆，之后也没再吵着说要看动画片。

高敏感父母养育高敏感孩子，无疑有很多优势，这有时候让非高敏感的我觉得不公平。同时我也会担心悠悠将来会不会和爸爸更亲呀？她以后会不会有心事先和爸爸说，因为爸爸更懂她？

相信也有很多养育高敏感儿童的家庭像我家一样，父母一方是高敏感，另一方是非高敏感。其实，不管是高敏感还是非高敏感，在养娃方面都有着优势和劣势，双方结合才是最好的平衡！

Dr. Elaine N. Aron就在她的《发掘敏感孩子的力量》一书中讲道，在高敏感一方与非高敏感一方共同养育高敏感孩子的情况下，双方父母的优势、劣势分别是什么。

父母和孩子都高敏感的养育优势

- **因为彼此了解，更加感同身受**

刚刚迈入小学阶段的悠悠，在举行入学仪式那天，到了校门口也不愿意下车，马克思就跟她讲了自己小学开学时的感受，告诉了她“肚子里奇怪的感觉”，其实那个“肚子里奇怪的感觉”就是“紧张”，但是马克思没有用这个词。

高敏感儿童喜欢思考问题和提问，高敏感父母知道如何回答高敏感儿童提出的问题，甚至有类似的经验，知道如何聆听、讨论并给出参考建议。

他们的兴趣和品位相近，更容易互相理解，不敏感的家长则会有很多抱怨。

- **可以和孩子交流实践经验**

比如，可以和孩子分享，在面对某些情境时，你自己是如何克服紧张情绪的。和孩子分享，当你真正去做的时候，紧张情绪会消失，取而代之的是成就感和乐趣。

可以分享如何回应别人说自己太敏感；可以告诉孩子，看起来非常困难的事情可能最后的结果非常好，即分享自己克服困难的成功经验。

敏感的人通常会温和地沟通，用较小的音量，谨慎保持自己说话的语气，提更少的问题并适当保持沉默。家长和孩子的音量保持在相似水平，会更容易沟通。

- **喜欢自己，提升孩子的自我认同**

高敏感儿童很不容易拥有健康的自我形象，如果父母能够正面看待自己的敏感特质，那么孩子也将通过你的行为而拥有自信。

反之，孩子也会和你一样无法接纳自己的敏感特质，总是试图掩饰或改变自己。

高敏感家长养育敏感孩子时的劣势

- **过于投射自己的感受在孩子身上，而看不到孩子真正想要的**

比如，有的家长小时候很害怕医生，于是假设孩子也一定怕看医生；如果自己不喜欢某个场合，就假设孩子也不喜欢。

马克思说，每天早上送悠悠去学校，都看到她一个人站在操场上，不和其他小朋友说话，他觉得很心疼。但其实我每天接悠悠回家，她都说在学校过得很开心。对于早上一个人站在那儿，她也不觉得尴尬或者难受。

- **过度保护孩子，会很容易犯错**

敏感的家长会埋怨自己的父母曾给自己太多压力，所以在养育孩子时，会推己及人，更多地保护孩子。这一方面是优势，但有时也会变成劣势。过度的共情会导致过度保护孩子，害怕孩子的情绪受到伤害，使孩子错过很多本可以尝试的东西。

当然，也有一些高敏感父母抱怨自己的父母曾过度保护自己，害他们错过很多重要的人生体验，于是自己便尽量逼孩子去尝试。

- **孩子获得的经验可能不够多**

你不喜欢什么，也不会让孩子去尝试，很多新鲜事物你都主动帮孩子过滤掉了，以免孩子受到过度刺激。

但这些都是你的人生选择，不是孩子的。如果你从一开始就不让孩子有这些经验，等于让孩子延续了你曾经的选择，不再有更多学习的机会。

若孩子对某项活动有兴趣，即使你没有，也要鼓励他去尝试。可以和孩子说自己很后悔小时候没有多尝试，多分享一些自己在尝试某些新事物后获得的快乐。

- **孩子痛苦的时候，你也觉得非常痛苦**

这会影响孩子学习如何面对痛苦。孩子需要的是镇定且能够控制自己情绪的父母，这对于敏感家长来说可能比较困难。当然，这一点也不是绝对的，在我家，马克思的情绪就控制得很好，比我更稳定。

- **你可能很难站出来为孩子说话**

你不习惯与人对峙，尽量避免矛盾的发生，不习惯让他人明白“不，他不想要”！但是孩子需要你挺身而出保护他，同时让他学习如何保护自己。为了孩子，我们要学会坚定自己的立场。

- **你可能无法在家中表达自己的需要**

许多敏感的家长常常觉得必须把每个人都照顾好，否则自己也无法安心。这就让家人习惯了被照顾，把不想做的事都丢给高敏感的你。但这对孩子的影响并不好，孩子学不会拒绝，也总是把自己的感受放在别人之后。所以，你其实应该先照顾好自己，做出榜样，让孩子看到。

- **你可能误以为你们有很多相似之处**

其实每个人的性格都不同，孩子结合了父母两个人的基因，不要以为孩子跟你有一模一样的想法和感受。你应该熟悉孩子那些与你不同的人格特质，比如从配偶身上继承的那部分。

非高敏感父母养育高敏感孩子的优势

- **非高敏感父母精力比较充沛，让孩子有更多的活动体验**

在我家，一般家庭活动都是我提议的，马克思可以每个周末都宅在家，或者他自己玩儿自己的，不带我们。平时悠悠的活动也都是我在关注，我自己喜欢尝试新东西、新体验，所以也经常带着悠悠去玩儿她以前没有玩儿过的新东西。悠悠因为怕生，对没去过的地方、没见过的人，她总是说不去，可是去了之后发现很好玩儿，会说下次还要去。

马克思虽然很少强迫悠悠做什么、学什么，但是对我的做法也不反对，因为效果他也看得见。有时候逼一逼孩子去参加活动，没准她就喜欢了呢！不尝试又怎么知道是否喜欢？如果孩子能够接受，并且偶尔有成功经验的话，就会愿意尝试其他的活动。

- **你更能让孩子感受到稳定和平衡**

当孩子恐惧、愤怒和伤心时，你如果没那么敏感，可能会比较好地安抚他。当然，前提是你能够了解他的感觉，不认为孩子是反应过度，不因此和孩子生气。你的冷静是最好的示范，孩子会从你的情绪中学习，并在以后运用到自己身上。

而高敏感的一方由于情绪敏感，有时候会因为过度共情而跟着孩子一起痛苦、哀伤，孩子受了委屈，父母若眼泪掉得比孩子还快，不一定是好事。高敏感孩子需要的是既能理解他，又心理强大的父母做榜样。

- **你会比敏感的父母更爱为孩子出头，更多保护他们**

比如，有亲戚强行抱孩子、亲孩子的时候，高敏感的家长不太喜欢与人正面冲突，因此无法坚定地站在孩子这一边，而选择默默忍受。

不太敏感的你可能没有那么照顾别人的感受，在为孩子出头这方面反而成了你的优势。

这种“我口说我心”的家长，可以让孩子看到成人是如何思考、如何处理问题的。我们在孩子面前最好把自己的想法和感受开诚布公地说出来，为什么生气？刚刚为什么大吼大叫了？为什么不给孩子买某个东西？为什么今天妈妈食言了？等等。

孩子非常善于捕捉和感知父母的情绪，大人直接把自己的情绪说出来好过埋在心里，这样孩子就不需要在心里胡乱猜测，担心父母在什么都不说的时候可能是在心里生自己的气。

当然，如果是担忧、害怕的情绪，就不要说出来和孩子分享了，大人自己默默承担就好了。把担忧、焦虑的情绪说出来，只会令孩子也变得担忧，无益于孩子的成长。

非高敏感家长养育高敏感孩子容易陷入的误区

- **你很难相信孩子体验到的世界和你是不同的**

你可能会觉得“孩子怎么会有这种感觉？”转而寻找适合你的解释。当敏感的孩子抱怨时，你可能会想“他在假装”“他在无理取闹”，或者“他就是想引起注意”。

这一点也是我最嫉妒马克思的。每次悠悠一闹情绪，马克思总是说：“哎，我懂你、我懂你，跟我小时候一样，我小时候也经常这样玩着玩着就哭起来了，连我自己都不知道为什么哭。”而我却完全弄不明白悠悠为什么会有情绪。

但因为马克思能很好地体会和接纳悠悠的情绪，所以他应对起来也很淡定从容，不会觉得悠悠在无理取闹。

非敏感家长应该怎么做：

尽全力了解孩子的感受和体验，不要因为无法理解就随意给孩子贴标签，可以多看看儿童心理学方面的书籍，推荐阅读《发掘敏感孩子的力量》一书。别期待孩子喜欢你小时候喜欢做的事；不要为了孩子错过好东西而过度同情他；不要过度逼迫孩子。

- **你会对孩子的过度敏感感到不耐烦**

这一点我自己特别有体会，比如在吃饭方面，只要是悠悠不喜欢吃的，她坚决不肯尝试；饭菜一定要分开，有时候我不小心把菜盛到她碗里，她就呜呜哭起来，非要我重新给她盛碗饭。

早上穿衣服、穿袜子和鞋子时更是麻烦，只要有一点点不符合心意，她都不会将就，非得脱下来换掉，所以我后来的做法是让她自己在前一天晚上选好第二天穿什么。

非敏感家长应该怎么做：

给孩子足够的时间做决定（比如选一双合适的袜子），如果时间不够，或者你的耐心不够，就不要让他做决定；问问题时不要期待孩子会马上回答，敏感孩子回答问题要谨慎得多，他们会认真思考后再回答。比如，别人问悠悠“爸爸妈妈你最喜欢谁”之类的问题，她从来不会回答“爸爸”或者“妈妈”，无论别人怎么变着法子问，她永远回答“都一样喜欢”，因为她不想让爸爸或者妈妈任何一方伤心。

让孩子一步一步慢慢开始尝试新事物，不要逼得太紧。对敏感孩子施加过多压力反而会适得其反，最后导致孩子压根儿不愿再去尝试。

敏感孩子比一般孩子需要更多的安全感和家长的包容，磨炼耐心是家长们一生的功课。

- **你会太大声，太虚张声势**

敏感儿童会用暗示、手势、眼神、细节或语气与人沟通。你的沟通方式对他而言可能有点粗鲁，甚至是粗暴的，这导致他所理解的和你要表达的，或者他需要听到的完全不同。

敏感孩子的脸皮很“薄”，对于他们而言，批评、生气或者建议看起来都很严重，孩子可能会被你的态度吓到，而根本听不见你说的话。你也可能因为太强势或对孩子有太多影响，导致孩子不敢表达自己。当敏感儿童对你吐露心声时，我们必须非常温柔。

非敏感家长应该怎么做：

说话时注意压低音量、语气温柔，注意自己的遣词造句。聆听孩子讲心事时要专注。如果当时无法专注聆听，可以请孩子等一下再讲，但不要随意回答或一直分心，这样会给孩子一种你不在乎他的感觉。

避免可能引起孩子误解的逗趣或玩笑。大部分敏感儿童不喜欢大人的逗趣，即使说话的人没有意识到，他们也能听出字里行间的优越感或敌意。

批评孩子的时候尽量简短，点到为止即可，不需要长篇大论地说个不停，要留给孩子自己想一想的时间，也要给孩子留点面子。批评时也不要为了夸大后果而吓唬孩子，这会让孩子心生更多恐惧。

- **你有时可能会觉得孩子很无趣**

高敏感儿童有奇特、深刻而幽默的洞察力，但他们喜欢安静，可能话没有别的孩子多。长途驾车时，他们可能更愿意看着窗外发呆或读书，也不愿意与你聊天。有些孩子可能怕你无聊而刻意取悦你，但是他真正需要的还是安静。

非敏感家长应该怎么做：

观察孩子疲倦时或受到过度刺激时释放出来的信息，试着在他崩溃之前就让他停下来。如果孩子不喜欢肢体接触或者不喜欢参加人多的聚会，不要强迫他，让他慢慢尝试，一步一步来；给孩子留出安静的独处时间，不要怕孩子无聊。

可以向孩子提供话题或活动建议，如果孩子愿意，自然会搭话或者加入你；若孩子一个人玩儿得很开心，也不需要感到失落。这正是高敏感儿童丰富内心世界的体现，他们可以自己让自己开心，通过安静的独处进行能量补给。

- **你可能会不知不觉地利用孩子的敏感，如让他们帮大人做事，听大人的话，听大人诉苦**

高敏感孩子因为特别能够照顾别人的感受，通常会对你的话乖乖照做，但这对孩子不公平，还会对他们造成伤害。

非敏感家长应该怎么做：

不要把孩子当成情绪的宣泄桶，动不动就向孩子诉苦。敏感孩子具有强烈的同理心，因此非常善于倾听，但这不代表我们可以无节制地利用孩子的善良，向他们大倒苦水，让孩子产生不该承受的心理负担。

反之，我们应该教导孩子，分享和倾听应该是双向的，而不是单方面的承受。要学会与别人划清界限，转换话题。如果有人让他心理负担太重的话，一定要告诉你。

另外，不要在别人面前炫耀孩子的“高敏感特异功能”，大部分高敏感孩子不喜欢受到太多关注，如果是在别人面前进行带有表演性质的活动，孩子可能由于压力而表现不佳。

最后还想再分享一个小故事：

开学那天，悠悠在大庭广众之下，不愿意跟着与她一对一的同学排队进教室，我站起来招呼那个同学走过来，又想着劝说悠悠去排队。

而马克思却坐在旁边静静地一动不动，完全没有跟我前呼后应的意思！

晚上悠悠睡了后，我问马克思当时为什么没有任何行动？为什么每次悠悠害羞的时候，都得我冲在前面？

马克思说，既然我已经有所行动，他就不再需要多做什么了。如果我们两个人同时劝说悠悠，会给悠悠过多的心理压力，父母中有一个人行动就够了。

听了他的分析，我还真觉得挺有道理的，也不再在心里埋怨他了。

他做得对，我也没有做错！我们两个人虽然性格有许多不一样的地方，他很敏感，我不太敏感，但是经过讨论，我们都承认对方身上有养育高敏感娃的优势，我们不需要把对方变得和自己一样，更重要的是取长补短、相互配合，实现最优组合。

悠悠妈妈说

我一直觉得，作为父母，不在于我们做得有多么正确和完美，关键是要对自己的言行，以及可能对孩子造成的影响有清醒的认知。

有了这份清醒的认知，就像在心里掌握了一张地图一样，即使偶尔开小差、走错路也不要紧，因为我们随时可以调整路线，继续朝着正确的大方向前行。

你可能也发现了，有时候一个人的同一性格特征，在养育孩子时既是优势，又是劣势。所以有另一方能和自己互补，在用力不够与用力过猛之间做出平衡，也是一大幸事！

第十课　不要亲手养出讨好型人格的孩子

孩子的幸福并不取决于父母的态度

幸福感到底是什么？人如何拥有幸福？这大概是悠悠出生后我思考最多的问题。因为我希望我养育的孩子不仅仅是成功的，更是幸福的，因为追求幸福才是人生的终极目标。可惜很多人误以为，只要有了成功就自动拥有了幸福，结果反而在追求成功的路上遗失了幸福。

毋庸置疑，世界上绝大多数父母都是爱孩子的，谁不想自己的孩子幸福呢？父母们甚至甘愿为孩子付出一切。然而，所有美好的意愿和对未来的憧憬都是基于父母自身的判断，但父母们的幸福定义、成功标准就是孩子们内心的渴望吗？

父母都希望孩子在学校里成绩好、受欢迎，有十八般才艺傍身。尽其所能保护自己的孩子，忍不住介入孩子的生活，而且真心觉得自己所做的都是“为了孩子好”。所有这些不仅仅是源自爱，还出于担忧。担心孩子掉队，害怕他被竞争所淘汰，这一代父母所承受的压力空前巨大。

但越是在这样的情况下，我们越应该保持清醒，有意识地多问问自己：“一个幸福的人需要的到底是什么？”

Hüther博士指出：“孩子必须感受到他可以做他自己，即使不如别人家孩子厉害，没有得第一，也是OK的。我就是我，爸爸妈妈的爱不会因此而减少。来自父母的接纳，对于孩子早期形成自我认知起着决定性作用。这类孩子的特点是，不必努力刷存在感、时刻求大人关注。当孩子不觉得自己需要努力才会被父母爱时，才是最快乐的。”

然而，Hüther博士也指出，世界上只有少数幸运儿被这样爱着。很多父母坚信自己给了儿女无条件的爱，可孩子们却没有感受到，不少孩子是这么想的：“如果我考试拿了第一，父母会更爱我。”“如果我不乱发脾气，总是有说有笑、大方得体，父母会更爱我。”“如果我不坚持己见，而是听父母的话，他们会更爱我。”等等。

而一个孩子若因为发脾气而被父母惩罚或者批评，他就会感到：我的情绪和感受是不对的，我要压抑自己的情绪和感受，只有这样，爸爸妈妈才会重新爱我。要知道，孩子为了获得父母的爱与关注会做任何事。

知识链接

爱让孩子有幸福感、安全感

德国脑科学家Gerald Hüther（吉拉德·胡特尔）博士和他的团队在2019年公布了一项研究成果：想要幸福，孩子必须感觉到他被父母无条件地爱着。如果不是这样，那他整个人都会改变，变得倾向于讨好他人，之后的人生都将在求之不得的痛苦中度过。

孩子为什么会讨好父母

孩子带着对父母的信任和依赖来到这个世界上。他们爱父母，也愿意尽一切可能被爱，这是人类的求生本能：没有父母的支持和帮助，孩子就无法长大。没有哪个未成年的孩子不爱自己的父母、不想让父母开心。可是父母如果利用这一点有意无意地“操控”孩子，那就是把孩子推向讨好型人格的深渊。

反思一下自己是否对孩子说过这样的话，“你不把饭吃完，妈妈就不喜欢你了”“你今天表现不好，我不想抱你”“如果再不听话，以后就不给你买玩具了”，等等。回忆一下，你有没有因为看到孩子不理想的成绩单后变得冷酷无情，对孩子大发脾气？而当孩子考取好名次时又笑脸相迎呢？

以上种种俗称为“爱的收回”，如果你有这些语言或行为，那么你的爱便不是无条件的。孩子会因此产生错觉：难道只有乖乖听话的孩子，才值得被爱吗？而当孩子变成父母实现人生愿望、目标或野心的对象时，他们对父母原本的信任就会出现断层。

当孩子意识到父母爱的并不是他本身，而是父母理想中的那个人，现实中的他因为还不够好，所以不足以得到父母全部的爱时，会给孩子带来极大的痛苦。

Hüther博士通过对大脑的扫描后发现，当孩子感觉到父母“收回”了爱时，大脑中的特定区域便会被激活；而当有人对他们施加身体疼痛时，该区域也会被激活。也就是说，当父母对孩子“收回”爱时，孩子感受到的痛苦无异于被体罚。

“有条件的爱”对孩子是种伤害

为了避免这种痛苦，大部分孩子会努力去做父母要求做的事，去满足父母的期待，活成父母理想中的样子。总而言之，会千方百计讨父母开心，以换来那份求之不得的无条件的爱。可如果孩子从父母那里得到的支持越有条件，他们的自我价值感就会越低。孩子认为，得到父母的爱都是有条件的，父母并不是无条件地接受自己。

这样的孩子内心永远有一个空洞，始终对自己不满意，总觉得自己只有获得了某种成就，才配得上某种爱的待遇。即便进入学校生活，走上工作岗位，这种讨好心态也并不会就此停止。他们对自己的看法会一直依赖外界的评估，十分在乎别人的评价，这就是讨好型人格的特征和表现。

心理学家说，讨好者通常表现出以下四个特点，这也是父母“有条件的爱”可能会带给孩子的不良影响。

- **没有健康的个人边界**

拥有清晰个人边界的一个标志是内心足够坚定。知道自己有权利拒绝，清楚自己能够接受什么，不能接受什么，既尊重别人，也保护自己。相反，缺乏健康边界的讨好者们则不会说“不”。比如，因为“怕父母不开心”而难以拒绝父母对自己生活过多的干预和介入。

- **极不擅长做决定**

讨好者做决定前总在揣测“对方想要听什么”，因此对独立做选择感到极其困难。毕竟，他们无法总是猜中对方的心意，害怕自己做出令对方不满意的选择。“没关系，我都可以”“挑你喜欢的就好”这样的话是讨好者常挂在嘴边的。

- **不会向他人求助**

讨好者怕自己“麻烦”别人，而自己却终被别人“麻烦”。当迫不得已地需要他人的帮助时，他们还会有内疚和负罪感。

- **活成了别人，丢失了自我**

讨好者耗费大量时间关注别人想要什么、喜欢什么，却往往难以按照自己的价值观行事，他们总挣扎于追求自己的生活和接受他人为自己设计的生活之中。讨好者有限的时间被取悦他人这件事占据着，无暇顾及那些对他们真正有意义的人和事，哪怕是获得成功的人也不会幸免。

Hüther博士说："当人们隐藏起真实的自己时，也许表面上获得了成功，但他们从来没有过幸福的生活，因为他们永远无法放手，无法不在乎别人的看法，他们总是感到紧张，他们必须一直不停地努力，内心渴望得到别人的认可和重视，竭尽全力用世俗的成功去填补内心爱和安全感的缺失。"

一个从小没有被真正看见的孩子，必须时时刻刻向他人展示自己的存在，求关注、求表扬。有些人必须通过赚很多钱或担任高级职位来证明自己的重要性，因为在这些职位上，他们可以对他人行使权力并产生影响力，这能让他们获得在父母那里未曾得到的认可和存在感。

悠悠妈妈说

缺爱的原生家庭并不一定会培养出失败者，如果用世俗定义看的话，从这种家庭走出来的孩子甚至不乏成功者。他们受到恐惧的驱动，焦虑着如果做得不让别人满意，就得不到别人足够的爱与重视，这促使他们付出超乎寻常的努力，不断地向他人证明自己。不被爱也可能成为人追求成功的强大动力。

与其说他们追求的是成功，不如说他们在追求爱。声望、地位、财富都是为了获得更多人的爱与接纳而已。我们应该问问自己：成功与幸福，想要的究竟是哪个？我不是说这两者是对立的，但成功并不能保证一定幸福。

有爱才有幸福，那样的成功才有意义。孩子的幸福就掌握在我们手中，不是为他安排好我们眼中的完美人生，而是接纳他，看见他，无条件地爱他，不要拿他与别人做比较。

第十一课　有自驱力，才会不断取得进步

一首触动灵魂的歌——《我就是我》

两年前的一天，我带悠悠参加了一场音乐会，其中有一首名为*ich bin ich*（《我就是我》）的歌当场便把我感动到流泪。来自德国波恩的歌手Oliver Steller（奥利弗·斯特勒）一边弹着吉他，一边唱道：

> 我是这样的，地球上没有第二个人和我一样。没有第二个人看到我正在看的，感受着我正在感受的，做着我正在做的事，和我一样笑着。我很开心，因为我就是我。
>
> （说唱）他比我高，她比我漂亮，他比我强壮，她比我厉害，他比我胖，她比我酷，他比我有钱，足球踢得比我好。
>
> （说唱）他比我快，朋友比我多，她比我聪明，犯的错误比我少，比我会算数，穿的衣服比我漂亮，玩具比我多。
>
> （说唱）但是我很开心，因为我就是我！

全场孩子都激动得跟着歌手一起说唱，当唱到“我就是我”这句时，整个人群发出声嘶力竭的吼声。

羞涩的悠悠开始还是小声跟唱，后来被音乐感染，也被气氛鼓舞，跟着小朋友一起大声地喊“我就是我”。从音乐会回来后，她最爱哼唱的也是这句“我就是我”，仿佛这首歌给了她巨大的力量，帮助她坦然地接纳了自己。

我之所以被这首歌感动到落泪，是来自内心的感慨：在我们的成长环境中太缺乏这首歌体现出来的精神。有多少父母总是把注意力集中在孩子做得不够好的地方，而忽略了孩子的长处？又有多少父母总是忍不住拿孩子与他人比较，提醒孩子做得远远不够，还需要加倍努力？

也许因为自己从小到大受够了比较，这首歌的歌词一瞬间便触动了我心灵的深处，让我想起那个总是被父母和老师要求必须拿第一的孩子，那个“别人家的孩子”。我多么希望，有人能在我孩提时对我唱这样的歌，告诉我：别人怎样跟你无关。你就是你，你应该为自己本来的样子感到开心——自信和喜欢自己才是一个人内驱力的最大源泉。而自信和喜欢自己都源于父母对孩子本身的无条件接纳。

在本书前面的内容中，我介绍了父母是如何培养出讨好型人格的孩子的，这是为本节“如何激发孩子的内驱力”所做的铺垫。

拿孩子与别人做比较和有条件的爱，都是在使用外部力量来驱动孩子，完全是激发内驱力的反面做法。不先讲清楚反面做法及其带给孩子的伤害，大家就无法理解和认可下文中要介绍的正面做法的重要性。

没有目标，天之骄子也迷惘

我们首先要问自己一个问题：你相信孩子有内驱力吗？即使没有父

母的监督和逼迫，孩子也会自发地上进吗？我想，很多父母是不相信这一点的，问题就出在这里。因为不相信，所以我们主动替孩子承担了上进的责任，帮子女安排各种活动，逼孩子学习各类技能，早早规划好看似最完美、最安全的人生路径，仿佛我们眼里最好的人生就一定是孩子喜欢的人生——这样的父母叫控制型父母。

知识链接

“空心病”孩子

曾任北京大学心理健康教育与咨询中心副主任的徐凯文曾经在2016年给家长们一记当头棒喝，他提醒家长们在追求名校的同时，更要注重孩子的心理健康。他说，“在北京大学一届新生中，超过30%的学生存在厌学情绪，认为学习没有意义；更有40.4%的学生认为活着没有意义，只是按照别人的逻辑活下去而已，其中最极端的就是放弃自己”。

前来进行心理咨询的学生抱怨最多的是“我从来没有为自己活过，也从来没有活过”“我觉得我完全没有自我”。还有一位咨询者告诉徐主任：“学习好、工作好是基本的要求，如果学习不好、工作不够好，我就活不下去。但也不是说因为学习好、工作好了我就开心了，我不知道为什么要活着，我总是对自己不满足，总是想各方面做得更好，但是这样的人生似乎没有头。”

徐主任把北京大学学生的这种现象称为“空心病”，虽然症状和抑郁症很像，但是用治疗抑郁症的方法对待“空心病”却难以见效。因为，导致“空心病”的原因正是这些“学霸”十几年来没有为自己活过，而是一直被父母引导着。不为自己活，为谁活呢？很多孩子都是为了父母活。为了满足父母和老师的期待，为了实现父母和老师定下的目标而活。

近日，国内“双减”政策已为孩子们创造了大大的空间，大多数孩子有了更多的自由时间和空间。但在此之前，大部分中国孩子从上幼儿园起，日程表就被安排得满满的，没有闲暇时间探寻自己的内心需求和满足自己的爱好。进入小学以后，生活和学习更是直奔“高考”主题。

有多少孩子18岁之前的生活都围绕着上大学、考名校而展开？孩子没有机会，也没有时间思考自己到底喜欢做什么，自己到底想拥有怎样的人生，一直被父母和学校驱赶着，与同龄人你争我赶地向前狂奔，连初心是什么都不曾知道。

然而，当他们进入梦寐以求的名校，终于实现了父母从小就帮他们立下的目标时，又会发现，原来这里并不是终点。不是进了名牌大学就可以一劳永逸了，前面等待他们的仍旧是数不清的挑灯夜读，这对于那些从一开始就不由自己做主的孩子来讲，可能是幻想的崩塌，因为他们并不知道学习的意义究竟是什么。

不走控制孩子的老路

控制型父母剥夺的是孩子做人的快乐。我们要相信，孩子本身就具有向上的内驱力。然而，只有我们不去控制孩子，不去替他们安排人生，而是给他们足够的自由生长空间和信任，这种内驱力才会显现出来。否则，一旦我们习惯了动用外驱力，内驱力就会受到破坏。久而久之，孩子会习惯由别人来主宰自己的人生，依赖别人替自己做决定。控制越多，越不利于孩子的人格发展。

曾出演影片《当幸福来敲门》的美国著名电影演员威尔·史密斯拥有极具前瞻性的教育理念。在一次采访中，主持人问他，作为一个如此成功的人，他有什么建议可以给到自己的孩子和其他父母的。

史密斯说：“What I really found is, nobody can know for you. People can know for themselves, but they can’t know for you.（我真正发现的是，没人了解你想要什么。人们知道自己想要什么，但他们不知道你要什么。）”

他举例说：“高中毕业时有两条路摆在我面前：申请大学和从事音乐事业。我的妈妈给了我忠告，她说如果我考不上大学的话，我这辈子将一事无成。她这句话是真的，这是她从自己的人生中总结出来的经验，对于她自己的人生绝对适用。但是它不适用于我的人生。”

史密斯的妈妈当时在MIT（麻省理工学院）招生办有个朋友，可以给他留个名额，当时他的SAT分数也很高。可是他最终放弃了申请大学，而是跟随自己的内心开启了音乐事业，在音乐领域小有名气后又转行到影视业，成为好莱坞最有影响力的演员之一。

史密斯对主持人调侃地说：“我也曾犯过很多妈妈眼中的‘错误’，但是正是那些‘错误’成就了后来的我。所以在对待自己的孩子时，我学会了谦虚。我不会表现得好像我知道什么决定对他们是最好的，我会保持开放的心态，多观察和关注他们，相信他们的决定。我会在一旁支持他们，但不会把我的想法强加于他们。”

他说的让我最认同的一段话翻译过来是：

我觉得我能给孩子们最棒的礼物就是做自己的自由。我的妻子和我一直在非常认真地发掘孩子究竟是怎样的人，并鼓励他们成为真实的自己。因为，一个人如果不能做自己，就永远也不会感到幸福。作为父母，如果我的孩子是橡树，我希望它能像橡树一样成长。我不会试图强迫它成为一棵苹果树。

对以上观点也许有些父母会不同意，尤其在国内竞争如此激烈的社会环境下。对于普通家庭来说，孩子不上大学，可能将来连生存都困难，父母逼孩子学习也实属无奈。

我非常理解这样的想法，同时我也相信大家的初衷都是为了孩子好，希望孩子幸福，这一点毫无疑问。那么，在追求名校和追求成功的过程中，我们是否可以想办法让这个过程变得甜一点儿？不以牺牲孩子的心理健康和幸福为代价？

怎么变甜呢？答案很简单，就是激发孩子的内驱力。如果追求上名校、追求成功或者其他任何追求都是孩子发自内心想要的，那么过程再苦再累，他也是累并快乐着的。这和被父母逼着努力上进是有本质区别的。

如何激发孩子的内驱力

下面说说我的建议，这可能是大部分父母最需要的。

表达无条件的爱

第一，随时向孩子表达爱。

孩子的内心是很脆弱的，我们每次对他们发脾气，批评、惩罚和忽视他们，对于孩子来说，都是一次灵魂的拷问："爸爸妈妈是不是不爱我了？"这也是为什么，当我们发脾气时，越把孩子推开，他们越要扑上来抱住生气的我们。因为孩子心里真的很怕，怕失去爸爸妈妈的爱。孩子需要反复不断地确认父母还爱着他。因此，我们对孩子的爱要表达出来，尤其当我们的行为看上去不那么有爱时。

每次拒绝孩子的要求、对孩子说"不"、大声吼孩子的时候，都别忘了告诉他你依然爱他。无论他有怎样的过错，都要让他知道，他的错误行为并不会停止父母对他的爱。先说爱，再讲道理，有了爱的包容，孩子反而更容易听进道理。

第二，注意批评方式。

注意限制批评的次数。谨慎选择反对和禁止孩子做的事情，只有在必要时才说“不”。过多的批评和否定会导致孩子认为自己没有价值。

限制每次批评的范围。将焦点放在具体的错误行为上，对事不对人，不要攻击孩子的人格。可以说“你刚才对妹妹说话的态度听起来很不友好”，而不是说“你这个孩子真坏”。

我们经常犯的错误是，假设孩子之所以做出问题行为是因为个性使然，或者他们喜欢做这些事，而不去探究背后的动机因素。心理学家把这种错误叫作“归因错误”。孩子做出不良行为时，不要急着去评价孩子，而是做客观行为的描述，找到行为背后的动机。其实大部分错误行为是由心理需求未得到满足而引发的不良情绪所导致的，抓住本质才能解决问题。

限制每次批评的强度。向孩子传递我们的要求时，尽量温和而有力。带着负面情绪传递信息既没有效果，又会对孩子产生负面影响，更要避免随意动用惩罚手段。

第三，注意表扬的方式。

什么样的孩子不爱自己、总觉得自己不够好呢？那就是得不到父母认可的孩子。

很多父母总是怕表扬孩子后，孩子会变得骄傲而不再努力，因此非常吝啬表扬。这样的孩子长大后会非常渴望得到别人的认可，十分依赖外部评价，内心缺乏安全感。

如何正确地表扬孩子也是一门艺术。及时表扬和认可非常重要，但是科学研究显示，过度表扬也可能适得其反。我们要掌握正确的表扬方式和度。表扬孩子时，应该针对具体行为、具体事件，称赞他具体进步在哪里，强调努力的过程，夸奖得越具体越好，而不是泛泛地说“你真聪明”，更不要天天把“你好可爱”挂在嘴边。

举个例子，如果孩子考试考得好，我们可以这么说："你最近学习非常刻苦，作业也都认真地完成，连续几晚复习了学过的内容，准备得很充分，所以考试考得很好，妈妈真为你高兴。"

为什么不能经常夸孩子聪明、可爱呢？因为，这会让孩子误以为自己做得好都是因为"天生的聪明" "天生丽质"，而不是努力的结果。当遇到更难的挑战时，孩子会为了维持"聪明宝宝"的称号，而变得不敢尝试。

在心理学里，有一种自我设障的方式：当孩子们习惯被夸聪明和优秀后，一旦有困难任务出现，他们会认为，选择不做比做不好更加安全。于是，这些孩子会停止努力，失去动力，在想象中说服自己，如果做了就可以成功。

所以，夸奖不能吝啬，也不能滥用。具体而客观的描述型夸奖会让孩子看到努力的价值，把进步归功于自己的努力，而不是"聪明"，因而也更愿意付出努力去取得更多进步。

给予孩子自己做决定的机会

孩子做事的动力是来自于取悦别人，还是他们自己真正的选择？前者是外在动力，后者才是内在动力。父母可以给孩子提供更多的选择机会来发展他们的内在动力。下面这些做法可供家长们参考。

- **经历自主感**

父母应该表达自己的关心和支持，但也要尽量让孩子拥有做选择的权利。能让孩子决定的就让他自己决定，要让他对自己的人生有掌控感。允许孩子犯错，这样孩子才能学会做决策，学会对自己的行为及后果负责。

- **一起做决定**

无法让孩子单独做决定的，可以一起商量后共同决定。从倾听孩子的想法开始，让孩子知道，我们重视他们的想法，同时也坦诚我们的感受，寻求双方都认可的解决方法。

- **当不想做又不得不做时，用游戏的方式提出要求，少威胁、少贿赂**

“如果……就……”的句式尽量避免，无论如何不要“收回”你的爱。可以共情后解释原因，提供尽可能多的替代选择，或者和孩子一起制订阶段性目标，进步一点点就给孩子一定的奖励。

信任和理解孩子

很多家长不信任孩子，不相信孩子有能力做到某些事，不相信孩子有做正确决定的能力，甚至不相信孩子知道自己吃饱了与否，所以才会那么喜欢代劳和安排孩子的人生。

事实上，孩子只有被赋予了信任，才能变得有自我追求，才有勇气去探索新的世界，去表现自己。你不相信他，他就永远依赖你做决定，成为永远长不大的宝宝。

这里又要引用威尔·史密斯的话了：

我们不惩罚孩子。我们的教育理念是，孩子要为自己的人生负责。我们尽可能地让他们拥有对生活的控制权，越早开始越好。至于惩罚，我们试过了，负面影响太大。当孩子们做出一些举动时，我会说：“你可以做任何你想做的事，只要你能解释清楚为什么这么做对你的人生是有利的。”

每个人都需要被理解、被信任、被接纳和被无条件地爱，这是人最基本的心理需求。如果这些心理需求被看见、被满足了，孩子自然会成为一个有内驱力的人。

为什么有的家长总觉得孩子不逼不行呢？一句话总结：管得太多惹的祸。

第十二课 真正拉开孩子们人生距离的是领导力

身边人的从众心理

四年前，国内有位朋友要我当参谋，给她的孩子挑选一份生日礼物。我当时建议她买平衡车，还把平衡车对提升孩子平衡能力和运动能力的诸多好处也介绍给了她，可她轻描淡写地就否定了这个提议。当追问其原因时，她的回答竟然是："周围没有人骑这种车。"

我耐着性子好奇地多问了她一句："那如果你周围的人都买了，你给不给孩子买？"

"那当然买了！"她想都没想就回答。

得到这个答案，简直把我给气乐了。那么多已经被证明的科学事实都不足以说服她买平衡车，偏偏是"别人买，我就买"的从众心理才是驱动她做决定的最根本因素。这样的思维方式太可怕了，将其运用在育儿上，结果可能会很严重。

别人会的我的孩子就一定要会吗？那余生岂不是都要在焦虑中度过？其他孩子都去学奥数，我的孩子也要参加；别人的娃娃两三岁开始认字，我家宝宝也得学，不然就落后了……

我们决定做一件事，难道不是因为它是正确的才去做吗？什么时候“别人都做，所以我也要做”成了指导我们做决定的最重要原则了？如果用这种态度育儿，培养出来的孩子也必定是个人云亦云、没有主见的平庸之人。

敢于做逆行者

读高中时，班上有个女生申请美国大学的本科。那是十多年前的事了，在武汉这样的非一线城市，这还是非常前卫的选择，全校只有几个人走这条路。高一、高二的时候，那个女生成绩还是很优秀的。进入高三后，因为要准备SAT（美国高考）和申请材料，所以经常不来学校，于是，班里的闲言碎语就多了起来。在紧张备战高考的日子里，有人说这个女生是为了逃避高考才选择出国，还有人见不得别人好，巴不得她申请失败，等着看好戏。

恰逢物理月考的某天，她回到了学校。因为许久没上课，她自然考得一塌糊涂，原本前十的成绩一下子掉到了中下等。不少同学又来笑话她，各种冷嘲热讽，这个女生懒得和这些幸灾乐祸的人废话，干脆不来学校了。

不久之后，校报上刊登了她被美国名校以全额奖学金提前录取的好消息。要知道，在2006年时，本科能拿到全额奖学金，学的还是艺术专业，是极其罕见的。

在美国顺利毕业后，因为平台高，机会自然也多，如今的她已经在欧美很多国家举办过多次艺术展了。而当初那些鄙视她出国的人，却只有羡慕的份了。

通往卓越之路，常常伴随着不被理解的冷嘲热讽和孤独感，顶得住压力，逆流而上，才能到达比别人更高、更远的地方，也终会看到不一样的风景。

知识链接

智商高的人都很孤独

美国有一项调查指出，那些智商高的学生，在学生时期很多方面都是与别人格格不入的，甚至遭到同龄人排斥。为什么？因为他们太聪明，思想水平和人生目标都甩出他们的同伴一大截，感到孤独是自然的，直到进入大学甚至研究生、博士阶段，周围同学变成了同等水平的人，他们才能在群体里慢慢找到归属感。

当你觉得和别人格格不入时，坚持做自己就好。用不着去迎合周围的人，毕竟每个人的格局和眼界是不一样的，人生追求也是不同的。

如何培养一个有领导力的孩子

首先我们要明确领导力是什么。有的人可能误以为领导力就是当领导，指挥别人，实则不尽然。一个人即使当了领导，也不能说明他就一定具备领导力。

领导者具备的领导力（Leadership）是国外招生和招聘时都非常看重的能力。领导力最核心的品质是：为自己做决定，顶得住同伴压力，制订自己的行为标准。说白了，也就是有勇气坚持做自己认为对的事情，不被别人影响，而是去影响别人。

具备领导力的人，不管是否身居要职，都是自己人生的主人，活得明白，知道自己想要的是什么，并为之奋斗；而不具备领导力的人，肯定当不好领导，即使走运当上了领导，也凝聚不了人心，这样的人更适合当一名好员工。

为了培养孩子的领导力，父母需要注意以下几个方面。

父母要做出好的榜样

在育儿方面，最忌讳的就是人云亦云：别人做什么我也跟着做什么。真正好的教育是因材施教。保持清醒的头脑，多学习、多思考，用批判性思维看待任何事物，找到最适合自己孩子的教育方法，然后坚定不移地走自己的路，不管别人怎么说。

有段时间，悠悠运动课的老师去度假了，一位临时老师暂时接手了工作，而他上课的第一件事居然是给孩子们发冰棍。眼看就要到晚饭时间了，为什么要发冰棍？我非常气愤，但是看到别的德国父母都允许孩子吃，我也只好默许悠悠去领了一根。于是上课的前20分钟，孩子们就一直在舔冰棍。

下课时，临时老师说每个孩子还可以再领一根冰棍，德国父母们竟然也没有质疑这种做法。虽然多数德国人不太在乎健康饮食，但晚饭前连续吃两根冰棍也太多了！于是我明确告诉悠悠：

"不能再吃了，马上要回家吃饭了。"然后抱着大哭、挣扎的她走出了教室。

第二次去上课，依然是这位老师，又是一开课就给孩子们发冰棍。这下我真是忍无可忍了，我明确告诉悠悠我们不能在饭前吃冰棍，回家吃完晚饭了才可以吃，然后提醒她吃完晚饭才能吃甜食是我们的家规，现在我们是来上运动课的，不是来吃冰棍的。

看到别的父母都是一副无所谓的样子，别的孩子都在吃，我是顶着压力做出这个决定的。我知道有人心里会想，吃根冰棍有什么大不了的，用得着管这么严吗？但我就是想给悠悠做出榜样，让她看到，并不是别人在做什么，我们就一定要跟着做。有些事，即使别人都在做（或都不做），但我们明知是错的，就应该做出属于自己的选择。

悠悠的反应也挺出乎我的意料，她竟然接受了我的提议，没有吵着要冰棍。回到家，她还主动对爸爸说："别的小朋友都吃冰棍了，我没有吃，妈妈说我吃完晚饭后可以吃。"晚饭后，她第一件事就是问我要冰棍。

我想，在这次事件中，除了我的坚持以外，悠悠之所以愿意听取我的建议，主要原因还有：第一，平时家规执行得好，孩子知道饭前是不能吃零食的，这件事没什么讨论的余地；第二，我平时说话算话，所以让她多等2小时再吃，并不是一个特别难以克服的挑战，她反而很容易就接受了。

教会孩子谈判的能力

很多人很难对别人说"不"，或者当别人提出让自己不舒服的请求时，不好意思再提出另一个方案，其实选择并不只有"拒绝"和"接受”，谈判能力就是在“拒绝”和“接受”中间找到一个让双方都能接受的折中方案，既不委曲求全，也给别人留有余地，达成共赢。

谈判能力是可以学习的，但是需要进行大量的操练，当父母与孩子意见不合时更要欢迎各抒己见，因为这恰好是锻炼孩子谈判能力的绝佳机会。让孩子尽情拿出合理的论点以理服人，多加锻炼，孩子长大后更有可能会成为一个有说服力的领导者。

让孩子自己做决定，培养决策能力

总是告诉孩子怎么做，现在看上去是培养了一个听话的孩子，以后就是个听话的员工，缺乏自我决策能力。倒不是说做个听话的员工有什么不好，但如果对孩子有更高的期望，以“听话”为培养目标肯定是不可取的。

从小多让孩子自己做决定，长大了他们才有能力和信心做重大决策。小到喝奶用什么颜色的吸管，大到去哪里旅游，都别忘了问一问孩子的意见，让孩子从小感到自己的重要性。只有让他们感到“我的意见很重要”，他们才有机会形成自己的主见，形成表达见解的习惯，而不会轻易被别人牵着鼻子走。

参加集体活动、团体运动

领导力说到底还是与人打交道的能力，所以终究要混在人堆里才能形成。让孩子参加团体运动，如足球、篮球、排球这类多人合作比赛的运动，最能激发孩子的领导力和团队合作能力。

在运动中，孩子要和队友一起迎接挑战，应对困难，面对失败，要激励队友，要担起自己的角色和责任，还要社交，可以说是快速成长的捷径。

这也是为什么国外父母热衷于让孩子参加团体运动的原因。单人运动虽然也可以锻炼毅力、专注力等优秀品质，但是团体运动带给人的社交性成长是单人运动给不了的。孩子在团体运动中习得的领导力、团队合作精神和社交能力会让他在以后的生活和工作中受益匪浅。

以上这四点如果家长们可以应用在日常生活中，相信一定可以培养出一个有主见、有担当，具有领导者气质的孩子。

第十三课　安全感对孩子来讲很重要

安全感就像油箱中的汽油，要时常补给

在一篇文章中我曾经提到，悠悠不敢自己睡觉。一些热心的读者问我："这算不算没有安全感的体现呢？按道理，她这样的孩子不应该缺失安全感啊。"对于这个问题，我想不同人会有不同答案，因为大家对安全感的理解和定义不同。

如果将对外界事物的恐惧算作安全感缺失，那么我想，这世界上每个人，无论年龄大小，所处国家、社会地位如何，都或多或少缺乏安全感——因为人生每个阶段有每个阶段的恐惧。

婴儿恐惧饥饿、寒冷，恐惧妈妈不在身边；幼儿时期怕陌生人、怕噪声、怕怪兽、怕黑、怕分离；上了学的孩子怕自己没有朋友，怕被边缘化，怕父母离婚，怕考试考不好；年轻人怕找不到工作；找到了工作的又怕丢了工作；老人怕没钱治病；穷人怕没钱生活；中产阶层怕沦为底层；

富人怕财富和地位保不住；等等。

我们的生活充满了挑战，每个人都会有自己的恐惧，并且恐惧会随着年龄和经历的变化而不断变化。克服了这个恐惧，又会有另一个恐惧出现，每个人都无法避免。既然不断有新的恐惧出现，也就不可能有永恒的安全感。这意味着，安全感不是一经获得就永远不会失去的。

“孩子是否缺乏安全感”这个问题的答案是动态的，因此，安全感的输入必须是源源不断的，而不是一劳永逸的事。当孩子遇到新的恐惧时，我们就要在克服新恐惧方面给予他安全感，就像给汽车加油一样，时常补给，才能继续前行。

如何判断孩子是否缺乏安全感

很多家长问：“我家孩子稍不如意就哭，是缺乏安全感吗？”“很怕接触陌生人，不愿跟其他小朋友玩儿，是缺乏安全感吗？”其实，这种问题外人是很难给出确切答案的。孩子表现出的看似是同一种行为，背后可能有着截然相反的原因。

和妈妈分离时孩子不哭不闹，可能是因为安全感充沛，也可能是因为与妈妈联结弱，安全感缺失，所以表现出很懂事的样子；很容易和陌生人自来熟，可能是因为安全感充沛，也可能是因为与妈妈联结弱，安全感缺失，希望从陌生人那里寻求亲近和安慰；喜欢冒险，可能是因为安全感充沛，也可能是因为安全感缺失，希望通过危险的行为来获得父母的关注。

如果只是听了几句描述，又或者与孩子接触的时间短，则很难通过上面的行为判断孩子到底是安全感充沛还是缺失。真正的答案，只有与孩子朝夕相处的最亲近的人才知道。

其实，每个人都会有缺乏安全感的时候。与其纠结于“孩子是否缺安全感”，不如向内审视自己：我可以做些什么给予孩子安全感？我又是否做到了？

如何给予孩子安全感

对于孩子来说，基本生理需求如吃饱、穿暖、睡足、人身安全得到保障，心理需求如亲密感、温暖、信任、被接纳和爱得到满足，这些因素加在一起，奠定了安全感这种复杂感觉的基石。其实，也可以归纳为一个字——爱。只要孩子感受到了爱，就会有安全感。只是如何向孩子表达爱，仍是很多父母需要学习的。那父母应该怎样做呢？

孩子渴望亲密，尤其是肌肤接触

悠悠刚一出生，医生把她洗干净后，还没给她穿衣服就把她抱给我喂奶。我当时还问医生为什么不给宝宝穿衣服？原来，德国医生是故意不给宝宝穿衣服的，还特意嘱咐我一定要让宝宝的皮肤接触我的皮肤，因为肌肤接触是妈妈与婴儿沟通的第一步。

宝宝对亲密有着极大的需求。每一次肌肤接触，都是促进婴儿大脑发育的营养。孩子缺少肌肤之亲的灌溉，就像花朵缺少阳光雨露一样，都会有不好的影响。这种影响不仅会破坏孩子的安全感，连大脑发育都会因此滞后，甚至会直接损害孩子的智商。所以，为了宝宝的安全感，也为了大脑发育，请尽可能多给予孩子身体接触，尤其是肌肤接触。

这里的重点是度的把握，宝宝想被抱的时候就抱抱他，该运动的时候就让他运动，二者有效结合会更好。比如，在悠悠还不会走路的时候，我蹲在远处鼓励她爬过来，当她爬到我身边时，我会再抱起她亲一亲。婴儿时期让孩子坐在我们身上玩儿游戏也是一个很好的选择。

知识链接

喜欢布妈妈的小猴子

身体的亲密接触可以给予孩子极大的安全感，不仅人类需要，动物也需要。1957年，美国心理学家Harry Harlow（哈利·哈洛）通过一个行为研究实验向世人证明了这一点。Harry Harlow将幼小的恒河猴单独锁在笼子里，并给了恒河猴两个假妈妈的选择：一个是用铁丝做的猴妈妈，会提供牛奶；另一个是用软软的绒布做的猴妈妈，没有提供牛奶。在实验中，人们看到这只小猴子只有在肚子饿极了的时候才会快速跑到铁丝妈妈那里，短暂地喝几口牛奶，然后马上又回到布妈妈身边寻求保护。在恐惧的时刻，小猴子会紧紧靠在布妈妈身上。

即使过了婴儿期，也应该每天都抱抱孩子。舒服的身体接触可以促使我们的身体分泌幸福荷尔蒙，这种荷尔蒙会令我们感到愉快、平静，还能增强人的免疫力。我在家经常会抱着悠悠在沙发上躺着一起听音乐，或者在床上玩儿游戏时趁机对她又抱又亲。总之，对孩子表达爱，我从不吝啬。

孩子的合理需求应及时得到回应

婴儿的需求基本上只能通过哭来表达，要么是生理需求未得到满足，要么就是想得到关注和陪伴。不管出自哪种原因，当孩子哭时，不要让他一个人一直哭下去，那只会让他感到无助和绝望。如果需求时常得不到回应，孩子就会渐渐对身边的人失去信任，转而压抑自己的需求。

多抱抱孩子，婴儿饿了要按需喂奶，让孩子感到他并不是一个人，而是被人爱着的，有人关心他的感受，愿意聆听和满足他的需求。孩子对我们产生了信任，就会更有安全感。

当然，随着年龄的增长，孩子的需求也会不断增加，1岁以后会出现更多心理需求。当孩子闹情绪时，我们应通过共情来理解孩子的感受，疏导孩子的情绪，而不是光想着怎么让他停止哭泣。情感上的冷漠，无视和不回应孩子的内心感受都将破坏孩子的安全感。

尊重孩子

当孩子萌发自我意识，渴望独立后，我们在给予孩子持续的关怀和关注的同时，也要学会尊重孩子的意愿和选择权、决定权。当然，这并不意味着要时时满足孩子的要求，而是让孩子体验自己做主、支配自己的行为和掌控环境的感觉。这有利于孩子获得自我效能感——我很棒，我可以做到，而自我效能感能给予孩子自信和安全感。

一心一意的关注和陪伴

虽然孩子不需要我们每时每刻的关注，但每天抽出一段时间，一心一意地陪伴孩子仍非常有必要，这段时间可以是专注地陪玩儿、亲子共读，也可以是全家人一起吃饭，讨论孩子感兴趣的话题，比如，可以问问孩子，今天做了什么，有什么高兴的事，学到了什么，等等。

孩子渴望被听到、被看到，而只有我们放下手机、放下心里的杂念时，才能做到真正去聆听孩子，“看到”孩子的内心。当然，也要注意物极必反，过多的关注会妨碍孩子独立性的发展。我们也需放手给予孩子自主探索的空间。如果孩子确信当他需要我们的时候，我们及时出现并能回应他的需求，那么短暂的分离或者独立玩耍孩子都是可以接受的。

保护、支持和帮助孩子

当孩子遇到困难、受到欺负时，需要的是我们的支持和必要的帮助；当孩子的权利受到侵犯，而没有能力去维护时，我们应该挺身而出替孩子维权，做孩子坚强的后盾。

这不是在阻碍孩子自己解决问题，而是在孩子小的时候先给足安全感，他长大后具备独立解决问题能力的可能性才会更大。当孩子犯错时，别只记得批评和惩罚，比惩罚更重要的是陪着孩子一起改正，帮助孩子做到更好。

多说“我爱你”

我每天对悠悠说“我爱你”的次数恐怕不下一百次，我是真的忍不住，不过我也相信，因为我的不吝啬，悠悠从来没有产生过“妈妈是否爱我”这个疑问。

安全感最重要的来源就是孩子感到的来自父母无条件的爱。我爱你，因为你是你，无论你是男孩还是女孩，你长什么样，你做错了什么，你考试成绩不如别人，你没有按我期望的做，我都永远爱你。

将行为与人分开，对行为不满和生气都可以，但是对孩子的爱是一成不变的。对孩子的爱不需要他拿好的表现和成绩来换。不要用“你不做某件事，妈妈就不爱你了”这种剥夺爱的方式威胁孩子，这容易让孩子形成讨好型人格。

在拒绝孩子的请求时，一定不要忘了说一句“妈妈爱你，只是现在我们还不能做这件事”，让孩子知道，妈妈的拒绝不代表不爱。

妈妈不焦虑，孩子才有安全感

那么，是不是做到以上这些，孩子就不缺乏安全感，也无所畏惧了呢？当然不是，成长过程中的挑战不断，恐惧来源也层出不穷。只是，当做到了以上这些，至少我们心里清楚了，孩子的心理健康没有多大问题，任何恐惧都只是阶段性的，是迟早会过去的。

暂时性的安全感缺失不可怕，我们只要陪着孩子一起面对和克服成长过程中的恐惧就好。想通了这一点，我们的内心就可以多一份淡定，少一份焦虑。妈妈不焦虑，孩子才更有安全感。

也许前面六条我们不能全部做到，那也不用担心。我们并不需要每一条在每时每刻都做到，只要大部分时候做到就够了。我们不苛求成为完美父母，因为孩子也是有韧性的；也不要去想过去错过了什么、是不是晚了，从现在开始做出改变，你一定能做得更好。

第十四课 拥有表达爱的能力，学会如何爱别人

暗夜里的“小猫咪”

明明心里藏着那么多爱，可你是否还欠孩子和父母一个拥抱？你的孩子学会怎么表达爱了吗？

悠悠的朋友小G一直是睡觉模范生，从1岁起就在自己的房间睡觉，每晚妈妈讲完故事、道完晚安、关上灯，不需要陪伴就可以入睡，这让我颇为羡慕。相比之下，悠悠快4岁时才愿意在自己房间睡整觉。

可是小G快5岁时，她妈妈告诉我，小G现在一反常态，每天半夜都会摸黑爬到爸爸妈妈身边继续睡。听到这里我有些吃惊，心里暗暗庆幸悠悠能在自己的小床上一觉睡到天亮。

可万万没想到，和小G妈妈聊天没多久之后，悠悠也变成

了这样。自从一天半夜她爬到我们床上，我抱着她睡了一晚之后，此后每晚她都会准时到我身边，依偎着我倒头秒睡。在和周围妈妈们的交流中我发现，很多原来的睡眠“天使宝宝”都出现了这种反弹现象。

很多孩子小时候明明不怕黑，但4岁之后反而变得怕黑、怕怪兽、怕生害羞了，这其实与孩子的心理发展规律有关。到了4岁，随着孩子想象力和生活经验的逐渐丰富，生活中看到的、听到的只言片语都可能在孩子的脑海中被加工成栩栩如生的故事和情景，也难怪很多孩子越大越怕黑夜、怕怪兽等东西。

了解了这一“背景”后，我和马克思决定暂时不再强迫悠悠半夜回自己房间睡觉。很多专家也说，允许孩子和父母一起睡并不是什么坏事，对孩子的安全感反而有好处，只要父母不介意就行。

于是我告诉悠悠：“你尽量自己睡小床，实在想跑过来睡，就记得把你自己的被子带过来哦，否则你会着凉的。爸爸妈妈的被子盖在你身上，经常我们一翻身就被扯掉了。”

“咚咚咚”，寂静的夜里一阵急促的脚步声显得格外响亮——当妈的就算是在凌晨三四点，对孩子发出的一点儿动静也像机警的兔子一样敏感。

黑暗中，小小的悠悠两手抱着被子，手臂里还夹着她的娃娃和小熊出现在我眼前。我觉得很神奇，房间那么黑，悠悠是怎么做到抱着这么大一堆东西走过来的。我没说话，只是向她招招手，示意她上床来。

她麻利地把娃娃、小熊和被子用力往床上一扔，然后开心地从床尾爬到床头，像小猫咪一样把头埋进我的胸前。我抱着她，轻抚她的头发，悠悠连眼睛都不睁，心满意足地瞬间进入梦乡。

想要更多的爱，孩子用自己的方式表达着不满

上面的情形在1个月之内不断重复上演，一家人都慢慢适应了。

有一天早上起床后，悠悠皱着眉头，一本正经地问我："妈妈，你昨天晚上为什么不抱我呢？"我的心头一紧，一阵愧疚感袭来。

那晚因为懒得翻身我便没有抱着悠悠睡，没想到令她耿耿于怀，还将其记在心里了。"啊，对不起啊，宝贝。我昨天睡得太死，不想翻身，就没有抱你。之前不知道你这么需要妈妈抱啊！我今天晚上抱你好不好？"接下来几天我都不敢怠慢，说到就一定要做到。悠悠只要过来，我都会如约抱着她睡到天亮。

平静的生活又过去了1个月。一天午夜时分，我处理完工作爬上床准备睡觉，悠悠又"咚咚咚"跑了过来。她平时都是大半夜才来的，那天却特别早，以至于我连和马克思抱抱的机会都没有。

我拍了拍悠悠，给她盖好被子，然后转过身去和马克思抱抱。还没有两秒钟，一只小手就开始拍我的后背了。

"怎么啦，宝贝？"我和马克思无奈地分开。

"抱我，妈妈。"悠悠小声恳求着我。

我翻过身，用手使劲儿搓悠悠的身子，连连感叹："哎呀，你这小家伙，怎么这么会撒娇呀！怎么就不能让爸爸妈妈抱着睡一会儿呢？"

感到被宠爱的悠悠露出了狡黠的笑，她很清楚如何得到爸爸妈妈的爱。在这之后，我们家的标准睡姿是悠悠睡最里面，我抱着悠悠，马克思抱着我。

周末的早上如果我和马克思抱抱，悠悠一定会"吃醋"地挤到我俩中间，硬要"拆散"我们，然后享受被爸爸妈妈同时拥抱的宠爱。

改变习惯，从学会表达爱开始

孩子都需要拥抱。现代脑科学家甚至证明了拥抱和肌肤之亲与孩子大脑发育之间的联系，宝宝会越抱越聪明。当然，这里的“抱”是指拥抱，与孩子不想走路需要人抱的那种“抱”完全不同。每个孩子都对拥抱有需求，父母应尽力满足，但是后者的“抱”需要分场合地满足。

知识链接

缺少身体接触，可能导致孩子不快乐

多年前我看过美国杰出心理医生斯科特·派克的一本书——《少有人走的路》，其中有个案例给我留下了深刻的印象。一位咨询者的孩子非常不快乐，很爱哭。心理咨询师问了她很多问题后发现，症结在于这位咨询者从来不抱自己的孩子，就算孩子在摇篮里哭得死去活来，她也只是用手拍一拍，甚至不愿意与自己的孩子对视。

心理医生不断追溯她的童年生活，最后发现是这位咨询者以前从来没有被她的妈妈抱过，没有与妈妈亲密的身体接触和情感联结，导致她后来也很抗拒与自己孩子的身体接触，她自己的成长经历让她认为，不抱孩子才是正常的。

这个案例也让我想到自己，虽然我与父母的关系很亲密，但我们之间极少拥抱。出国之后，欧洲人经常问我：“中国人见面怎么打招呼呢？也会像欧洲人一样亲吻脸颊或者拥抱吗？”

“我们中国人见面时不熟悉的会握手，熟悉的什么都不做，顶多笑一个，挥个手吧。”我回答她。

“和父母也不拥抱吗？” 欧洲朋友听了后感到很吃惊。

我对当时的场景记忆很深刻，当时和我在一起的还有一个日本朋友，我们俩对视了一眼，努力思索了几秒钟后，异口同声地说：“和父母也不拥抱。”

“我不记得我上次和父母拥抱是什么时候了，感觉很不好意思啊。”我继续说道。

“在日本我们也不和父母拥抱，感觉怪怪的，很不习惯。”日本朋友也表示出同样的观点。

欧洲朋友又追问：“那你们和父母之间怎么表达爱呢？”

“我们不表达啊，中国父母和子女之间都是把爱埋在心里的，嘴上不说。” 我开玩笑道。

“是的，我也没对我父母说过‘我爱你’。”日本朋友在一旁补充。

“一想到要对父母说‘我爱你’，我就觉得好肉麻！”我笑着对日本朋友说。

她一个劲儿地点头赞同，同在异乡的我俩像遇到知己一样，而一旁的欧洲朋友被我们惊诧得无话可说。

我和马克思回国休假，他总是会用欧洲人的方式在见面和离别时给我的父母一人一个大大的拥抱，身高一米九的他拍着岳父岳母的背说着“你好”和“好好保重”。他经常和我开玩笑：“嘿，我跟你的父母比你跟他们还熟呢！我经常抱他们，你却不抱自己的父母。”

说来也真是遗憾，我们为什么不能和自己的父母抱一抱呢？虽然我心里很想与父母有更亲密的接触，可是我们这一辈人从小到大所接触的社会和家庭文化让我很难跨出这一步。每次下定决心去尝试，结果却总是别扭得欲言又止。

为了避免这一点在下一代身上发生，我一直在家里努力营造自由表达爱的环境。

我对悠悠从来不吝啬说“我爱你”，每天都要说好多遍，也会经常逗她：“你爱不爱妈妈呀？爱的话要说出来哦！”平时也会给她许多拥抱。每天早上在幼儿园分别时，我们都有一个亲亲抱抱的仪式，晚上也总要抱着她讲故事。

孩子需要很多很多的爱，但这种爱必须看得见、摸得着，不能只是埋在心里。把你的爱对孩子大声说出来，多拥抱孩子，让他感到你的温度和关怀。让孩子不仅被爱着，同时也学会表达爱。

只有从小习惯这样爱的表达方式，长大了才会自然而然地学会爱别人，以及如何爱。

第十五课　自律的孩子有更好的未来

如何培养2岁孩子的自律？像看电视、吃零食、玩儿电子游戏这些事情要怎么教孩子控制自己，有所节制呢？许多家长想知道这个问题的答案。

一条蚯蚓引发的“血案”

先和大家讲一个悠悠三四岁时的故事。

一天下午，悠悠从幼儿园回来，我发现她脸上有两道很细的抓痕。询问后得知，她在幼儿园的院子里玩耍时挖到一条蚯蚓，Timo和Renee也想玩儿，于是就过来抢，过程中那两个娃娃抓到了她的脸。

“哦，那你是怎么反应的呢？”我总是很好奇悠悠面对冲突时的反应。

“我哭了。”听到这个答案我一点儿也不意外，因为我知道悠悠是不打人的，我从来没有教过她打回去。

不过我还是很好奇，她为什么不打回去呢？她并不是那种胆小懦弱的孩子。于是我试探性地问了问她：“那别人抓你的脸，你有没有把他们推开啊？”

“那他们也会哭的呀！”悠悠回答我。

我当时立即想：“哇，我把女儿教育得这么好啊！这么有同理心！还知道推人的行为会伤害小朋友，会导致他们哭啊！”我在心里为自己鼓掌。然后我接着问：“那你是怎么解决的呢？”

悠悠说：“我去告诉了老师，老师要他们道了歉，并且还对Timo和Renee说，他们再打人，就不让他们在院子里玩儿了，得回教室去。”

我想在马克思面前炫耀一番我情商教育的成功，于是得意扬扬地把这事告诉了他。马克思听了后抑制不住好奇心，继续追问悠悠：“那为什么你知道小朋友会哭，就不把他们推开了呢？”

悠悠想了想，说：“因为我不想向他们道歉。”

我和马克思当场笑哭，原来她不是因为怕弄疼别人，而是怕老师批评她，要求她道歉，所以才不动手的。不过这也让我明白了，对于年幼的孩子来说，约束他们行为的力量主要来自外部，先有他律，才有自律。没有受过管教的孩子就像一匹桀骜不驯的野马，以自我为中心，放纵欲望，不知道边界在哪里。而父母的管教则是告诉孩子什么可以做，什么不能做，边界在哪里，以及规则是什么。

从他律到自律，是一个人成长的必经过程。孩子必须依靠父母、老师和社会日复一日的管教，才能将外界的规则内化为自己的行为习惯，建立自己的行为准则，最终形成自律。

2岁孩子的规则意识刚萌芽，做到他律都是很困难的，怎么可能自律？这个期望恐怕太高了点儿，从他律到自律是需要长时间的耐心引导的。

如何帮助孩子养成自律的习惯

父母们可以从以下几个方面入手。

帮助孩子建立规则

先从他律做起，从小给孩子树立规则意识，凡事都有规则可循，有界限、不放纵。外界的规则起初是他律，但只要父母坚持执行，就会逐渐转化为自律。

举一个我控制悠悠吃甜食的例子。

她从小就不爱吃饭，饭量也特别小，但热爱甜食。对于孩子嗜甜的天性我不想一味阻止，但问题在于，每次吃完甜食后悠悠就不吃饭了，而我不希望她因吃甜食影响正餐。

因此，我和悠悠定下规则：甜食只能在饭后吃，而且必须把盛在碗里的饭菜都吃完才可以吃甜食。

开始时她是抗议的，经常还没等到吃饭就想吃甜食。我不断提醒她定下的规则，也会和她解释："以前你饭前吃甜食就不好好吃饭，那对你的身体不好，所以我们才定下这样的规则。我希望你先吃有营养的饭菜，保证你的健康成长，然后再吃甜食。"

做好饭后，她吃几口就说饱了，但提出想吃冰激凌。我只好重申："碗里的饭菜吃完才有甜食。你不吃完也可以，但也没有冰激凌，也没有巧克力，你自己决定。"通常为了吃到甜食，她会坚持把饭菜吃完，吃完后还特有成就感地说一句："我现在可以吃冰激凌啦！"

看着她津津有味吃冰激凌的样子，我趁机补一句："你把碗里的饭菜都吃完了，吃进去了很多营养，很棒哦，所以你现在可以尽情享受冰激凌的美味啦！"

我说这句话的目的，是为了提醒孩子行为与结果之间的因果关系，因为你做了A，所以你得到了B结果。通过描述B结果给孩子带来的美好体验，激励孩子再次做出A行为。这个规则在我家执行得很顺利，我把悠悠对甜食的嗜好变成了她把饭吃完的动力。

这个规则让悠悠渐渐形成了控制甜食摄入的习惯，从幼儿园回来如果看到桌上放的甜食，她都会先问我一句："妈妈，我可以吃这个吗？"因为知道我会说"不"，有时候她自己又会接着说："等我吃完晚饭就可以吃了。"

也正因为有约定的规则在，每次孩子想打破规则时，我只需要提醒一下她这个规则就够了，无须过多讲道理。孩子能明白我只是在执行说好的规则而已，不会觉得我是在针对她而故意不给她吃。不断重申和执行规则，孩子是会遵守的。

我们约定晚饭全部吃完后只能吃一种甜食，但她吃完一个冰激凌后还想再吃巧克力，我提醒她甜食吃太多对身体不好，这时她自己主动提出："那我吃个苹果，之后再吃巧克力，可以吗？"我觉得她平衡得很好，欣然同意。

制订"饭后才能吃甜食"规则的初衷是希望孩子明白均衡饮食的重要性。现在她自己提出用苹果来平衡巧克力，说明她已经具备了均衡饮食的概念，因此我也放宽一下规则，根据孩子的进步而不断调整。

我们制订规则，不仅仅是为了让孩子遵守，更重要的是让孩子明白为什么要遵守。当孩子认同规则背后的原因，会更加愿意遵守规则，久而久之便会转化为自律。

大人首先自律

很多人说：“为什么我和孩子定了规则就没用呢？孩子根本不听啊！”原因可能在于家长说到没做到，本来定好了规则，孩子一闹，你就动摇了，不执行了，孩子当然不好好遵守规则了。家长的动摇，本质上是自己缺乏自律的表现，是孩子效仿的坏榜样。

说好再看5分钟就关电视，孩子一哭闹，大人一偷懒，就答应再延长5分钟；说好刷完牙不能再吃东西，孩子一说肚子饿，马上又给东西吃；等等。这真的不能怪孩子，明明是家长自己不自律，还想奢求孩子自律。

培养自律孩子的第一步，就是家长身体力行地先做到自律，为孩子做好榜样，其体现之一为对自己定下的规则、做出的承诺说到做到，不轻易动摇。

生活要有规律

大家只要观察一下周围的朋友就会发现，生活有规律的人，大多是高度自律的，即在固定的时间做固定的事；而生活没有规律的人，大多是缺乏自律的，想到什么做什么，没有计划性。培养自律的孩子，请先营造一个自律的环境，那就是：有规律的生活。

吃完饭后可以看半小时动画片，但到时间就要关机；8点是刷牙时间；上床后讲3个故事，讲完就关灯睡觉。把每日要做的事提前计划好，有固定的流程，和孩子约定好到什么时间做什么事，形成生活规律，可以避免孩子和我们反复讨价还价。

相反，如果每天的生活秩序混乱，有时这样，有时又那样，无疑留给孩子很大的讨价还价空间，浪费时间和徒增家长的烦恼不说，还影响自律性的形成。

父母能给孩子最好的礼物之一，就是营造有规律的生活。在这样的环境中，孩子每天过的都是有计划、有节制的生活，形成自律就是水到渠成的事。

还是那句俗话：育儿先育己。我们自己做到自律了，孩子形成自律习惯便是迟早的事。

第十六课　从小培养独立自主性

五颜六色的决定——每个孩子都有权利参与

2019年7月的一个周四，我去悠悠所在的幼儿园参加一场活动。此次活动是为了庆祝幼儿园为期1年的“Bestimmt Bunt”教育项目的结束，校方邀请家长去观摩教育成果。当然，结束并不意味着项目不再执行，而是说老师们在1年的培训中完成了阶段性的学习目标，小有成果。

“Bestimmt Bunt”直译为“五颜六色的决定”，大致意思是“每个孩子都参与做决定”——这也是这个教育项目的精髓所在。

这个教育项目强调以下两点：

第一，每个儿童生而有权利，最重要的权利之一就是参与做决定；

第二，每个孩子都是不同的，每个人都可以有自己的见解，并应该表达自己的见解，大家应该尊重多元化和人们不同的想法。

在幼儿园的草地上，男老师M先生拿着一把吉他，呼唤玩耍中的孩子们过去围坐成一圈，他们准备合唱一首名为《儿童有权利》的歌。为了在家长面前表演好这次合唱，他们已经在幼儿园练习1个月了，正式表演前1个星期还加紧彩排了几遍。

悠悠牵着朋友的手，我坐在她们身后。M先生美妙的吉他声响起，孩子们跟随音乐唱了起来：

我们儿童有权利，我们的梦想，将改变世界。

儿童想要和平，儿童想要朋友，儿童想知道发生了什么。

儿童想要安全感，儿童不想要争吵。

儿童想要自由玩耍的时间，儿童想要亲密，儿童想要有人安慰他、爱他。

如果你想保护儿童的这些权利，那就跟我们一起唱。

我们儿童有权利，我们的梦想，将改变世界！

每个孩子唱到“我们儿童有权利”一句时几乎都是用喊的，唱到“我们的梦想，将改变世界”时，都会用双手画一个圆。不知道为什么，看着一张张稚嫩的小脸蛋，嘴里大声唱着他们不一定完全理解其意思的歌词，那一刹那，我感动得红了眼眶。

虽然他们还这么小，虽然他们可能并不懂权利的含义，但是至少老师教会了孩子，在他们心中埋下了有底气的种子，即他们是有权利的。

我想起，有时候因为太忙，武断地拒绝悠悠的请求时，她会来一句：“妈妈，你没有权利这么做，我有权利一起做决定！”还有一次，因为实在太生气，一怒之下打了她，悠悠又说：“妈妈，你不能打我！父母没有打孩子的权利！”一看她那架势，我就知道这些话一定是从幼儿园学来的。

这样的行为在传统大人的眼里看来是“顶嘴”，不过又气又笑的我打心底为孩子“敢于顶嘴”感到开心。这样总比养出一个不敢顶嘴、一味顺从的孩子要好。

注重培养权利意识

家长都有控制不住脾气而发火的时候，但当孩子说得有道理，被孩子抓到把柄时，我都诚恳认错。那么，德国幼儿园是如何培养孩子的权利意识和自主性的呢？

前面提到，最重要的手段是：让孩子参与做决定，培养主人翁精神。幼儿园的日常生活中有很多让孩子自己做决定的机会。这样的锻炼从1岁到3岁的小小班就开始了。

孩子们有权选择餐前诗

每天吃饭之前，老师们都会带孩子一起念一首与食物相关的诗。小班的孩子大多只有一两岁，他们能够自主做决定的事情还不多，选择念哪首诗是其中之一。两位老师各拿着一首诗，先念给孩子听一遍，然后询问孩子，希望今天念哪首就坐到哪位老师身边。“投票”结束后，老师煞有介事地数了数每一组的得票，然后做出手势大声宣布投票结果。

说实话，看小宝宝的反应，发现他们并不能理解“投票”的意义，不少孩子是随便瞎坐的，一会儿坐这边，一会儿又坐那边。不过，这不重要，重要的是老师的态度，是每天进行的这个仪式。

不管孩子选择坐哪边，选择的时候多么漫不经心，老师的态度都让孩子们知道：你的选择并不是无足轻重的，你的每一个选择都影响着最终结果，我们很重视你的决定。一天不懂，两天不懂，日复一日、年复一年的重复，孩子还会不懂吗？

选择读自己喜欢的书

3岁以上的孩子可参与做决定的范围就广多了，选择读哪一本书就是他们的权利之一。每天午饭过后是故事时间，老师会给孩子讲一本故事书。

孩子们上午就要投票决定读哪一本书，老师一般会给3个选择。孩子们围坐成一圈，3本书被放在中间，每个孩子投1票，即将石头放在自己想听的书旁边。每个人投完之后把“选票”传递给下一个孩子。哪本书得到的“小石头选票”最多，老师中午就讲哪本书，这是孩子们投票决定的结果。

完全自主的进餐选择

在选择食物方面，悠悠就读的幼儿园给3岁以上孩子充分的自由。周一至周四的早餐都是以自助餐形式提供的。8点摆桌子，10点收桌子，其间孩子们想吃什么，从什么时候开始吃，随他们的便。有些胃口好的孩子，早餐吃两顿，一开饭就吃了一餐，9点多看到有小朋友在吃，又坐下来吃一顿；而有些孩子，则可能跳过早餐，压根儿不吃，悠悠就是其中一个。

在德国幼儿园，每天吃多吃少，全靠娃自己决定。孩子们每周五还可以选择一次吃什么，因为周五是集体早餐时间。

在3岁以下的小小班，每个孩子都可以发表看法、提建议，老师会将孩子们的提议写下来。孩子们一旦被赋予权利和重任，可都是很认真对待的。

接下来，由孩子们将食物采购单郑重地交到园长手中。园长收到孩子们递过来的采购单，还会煞有介事地将采购单仔细阅读一遍，确认是孩子们自己点的吃的，肯定孩子们的工作，这一仪式才算结束。

而在3～6岁的大班，老师会直接将食物做成选项表并打印出来，让孩子们用乐高积木投票，最终，得到最多乐高积木的食物胜出。宣布结果时，有的孩子开心地鼓掌欢呼，也有的孩子有一丝小失落。不过没关系，风水轮流转，每个人都有中选和落选的时候，人生就是这样，谁也不可能一直赢，次次都心想事成。在一次次投票中，孩子们感受着自己做决定的快乐，也逐渐学会了接受事与愿违。

购买玩具也要尊重孩子的意愿

幼儿园购置新玩具时也会征求孩子们的建议，请孩子们投票。孩子们正襟危坐围成一圈，听老师讲解投票规则。老师将准备购置的玩具图片提前打印出来。地上摆的每一个圆圈代表一种玩具类别，顺便也让孩子学习一下分类，提醒孩子，投票不要都集中在同一个玩具类别上。

每个孩子得到一张石头选票，石头上面写着孩子的名字，这可是每个人的专属选票，可以重复使用；由大龄的孩子开始按照类别分发玩具图片；图片摆好之后就开始投票，每人轮流上前；其中一位老师用纸笔记录投票结果。

虽然是小不点儿们的投票，但是形式一点儿也不能含糊，否则孩子怎么能感受到从投票仪式中体现出的对儿童选择权利的尊重呢？

悠悠所在的幼儿园是分区活动的，每个区的功能不同。一个区不能有太多孩子，因此遵循先来后到和轮流原则。想到哪个区玩儿，就将自己的名牌贴到相应区域，这就是你的地盘了。后到的孩子如果发现没有空余位置，就得排队等候或者玩儿点别的。每周都有需要投票的机会让孩子们得到锻炼，让他们在众人面前表达自己的见解。

德国幼儿园以自由玩耍为主，不过有时也会安排一些集体活动，老师们会尽量让孩子参与决定。比如，外出日是去森林，还是去游乐场，由孩子们投票决定；乔装打扮日，主题选动物还是童话，由孩子们投票决定；每两周的玩具日，主题选交通工具还是玩偶，由孩子们投票决定。

有一次我听悠悠说，那天玩具日主题的投票，所有的女孩都投了娃娃，所有的男孩都投了交通工具，票数相等，最后老师只好设置了两个主题。我一听，这不又是女孩对决男孩的把戏吗？我不相信所有的女孩都真的想投娃娃，所有的男孩都一致想投交通工具。孩子们一定是受到了同伴影响，迫于压力才做出这样性别分明的从众选择。

孩子有着非常强的从众心理，为了社交融入，自愿做出妥协，特别是在混龄幼儿园，低龄孩子容易被大龄孩子带着走。那么，如何避免投票过程中的从众行为呢？为此事，我还特意请教了老师：如何避免投票过程中同伴的影响？老师自然也观察到了孩子的从众行为，说："有时候孩子看到好朋友投了A，为了讨好朋友，也会跟着投A，而投A的人多了，后面投票的人也会倾向于投A，选票高度集中在一两个选项上，没有人有勇气当特立独行的人。"

为了改变这种现象，也为了让"人人参与做决定"这一项目实现它真正的教育意义，老师们对投票形式做了改良——采用匿名投票。每个孩子都要穿过一条走廊，在走廊尽头有一个房间，里面有位老师等待着孩子们投票。

娃娃们从老师那里领取选票，然后匿名投票。在这个过程中，除了房间里的这位老师，其余孩子和老师都看不到别人的投票。匿名投票鼓励孩子遵循内心的声音做出自己的选择，尽量减少同伴影响，让孩子明白每个人的重要性，不要浪费了自己手中的决定权。果然，执行匿名投票后，孩子们的投票结果相比之前要丰富多彩多了。

让孩子拥有决定的权利，从转变家长观念开始

当然，这种教育形式对老师的要求也比较高，每学期相关教育组织都会有专人来对老师进行培训，开研讨会，讨论项目执行的情况和遇到的困难。

如何安慰落选的少数人？哪些事情可以让孩子决定，哪些不该让孩子决定？这些问题都需要老师在执行中慢慢摸索答案。不管怎样，“人人参与决定”是儿童的基本权利之一，孩子可以从中学会表达和倾听，从别人的视角看问题，尊重别人可以有不同想法的权利。

当孩子学会为自己做决定时，他也就学会了为自己的行为负责，因为“Your choice matters（你的选择至关重要）”，你选择了什么，就要接受后果，并对后果负责。而独立自主的主人翁意识就在每天大大小小的决定中逐渐建立起来。

人的行为是受观念支配的。观念改变了，行为才会从根本上改变。当你认可了“孩子拥有做决定的权利”这样的观念，你就会发现，除了在幼儿园投票，生活中处处都有应用的机会。

第十七课 让平凡事变得不平凡——提升幸福感的秘密

德国民众的幸福度很高。不少读者将其归结为德国的社会福利好，人民生活富裕。这固然是其中一部分原因，但并非主要原因。因为德国人均收入并不高，个人税前收入的全国中位数是2500欧元，税后再交保险就只有1500欧元了。虽然换算成人民币有12000元，但是德国的物价也相对较高，比如，男士理发一次需要十几欧元，所以1500欧元的可支配收入并不是特别高，起码一半以上的德国人都算不上高收入。

那德国民众的幸福感是从哪来的呢？在我看来，德国人特别懂生活，善于从平凡小事中感知幸福。不夸张地说，就连吃苹果都能吃出满满的幸福感。

从每件小事中感受幸福

我以前在家吃水果，都是被妈妈逼着吃。吃的时候不情不愿的，随便啃几口就算完成任务。

可是我的公公婆婆和悠悠爸爸对待这些常见水果的态度就和我完全不一样。每天晚饭后，悠悠爸爸会把一些常见水果切成小块，和酸奶混合后做成水果沙拉，让人特别有食欲。我总是在心里感叹，原来苹果、橘子这些水果也可以做得这么出彩。

有一年秋天，我们全家去果园摘苹果，这也是悠悠爷爷奶奶每年秋天必做的事。摘下来的苹果除了直接吃，还可以做苹果蛋糕、苹果煎饼、苹果泥，等等。巨大的果园里栽培着十几个不同品种的苹果，悠悠爸边走边品尝，还要我也点评一下哪种更好吃。

品尝了几种后，我告诉他："我觉得吃起来味道都差不多啊，没有吃出特别的不同。"

"不会吧？每个品种的苹果味道差别很大啊！你感觉不到吗？"悠悠爸惊奇地问我。

"吃不出来……"我突然感觉自己味觉失调了。

看他们采摘和品尝苹果的样子，我觉得德国人太大惊小怪了，摘个苹果也这么认真，对每个品种的味道描述细致，还连连感叹好吃，但同时心里也泛起了对他们的羡慕。

为什么摘个苹果也这么开心呢？苹果再好吃又能有多好吃，值得这么开心吗？为什么他们这么容易满足呢？

不知道读者们有没有思考过这样一个问题，幸福的反面是什么？是痛苦吗？不是。是悲伤吗？也不是。幸福的反面是麻木。

有些人虽然已经拥有了很多，却依然不觉得幸福，不是因为他拥有的不够多，而是他没有对幸福的感知力。

这就像我们很多人评价西餐"没有味道"一样，西餐真的没有味道吗？它其实是有味道的。欧洲的烤鱼经常只加盐和胡椒，因为他们钟爱的就是鱼本身的味道。但是因为我们中国人习惯了使用各种作料烹饪，习惯了重口味，所以品尝不出或者说欣赏不了西式烹饪中对食材本身味道的保留和尊重。

我带欧洲朋友去中餐馆，对于辣子鸡丁、麻婆豆腐这样的菜，经常收到的评价就是，“Wow, it’s very strong taste!（哇，真是重口味！）”定居德国后，吃多了西餐，我发现自己的味蕾在逐渐改变。以前那些“没有味道”的西餐我也能吃出感觉了——这是个味觉重建的过程，我找回了曾经失去的味觉灵敏度。

当然，我不是想比较中餐和西餐，我想延伸的意思是：和人的味蕾一样，一旦我们对生活、对物质的要求也养成了“重口味”，那么不论我们已经拥有什么，我们仍需要不断的更高级别的刺激才能感到幸福。

重口味会让人对日常生活的体验变得麻木，感知幸福越来越难，继而只有在更多、更贵中找快感。

陷入麻木感中是一件非常可怕的事情。以我自己为例，我是在沙特阿拉伯阿卜杜拉国王科技大学读的研究生，当时，沙特国王大手一挥，向学校注入100亿美元启动资金。

大学的硬件配置是世界超一流的，学生宿舍都是海边别墅。学校毗邻红海，有游艇俱乐部，每周为学生提供出海钓鱼、浮潜、深潜、考潜水执照等娱乐服务，而且价格低到几乎可以忽略不计。

学校还有高尔夫球场，会费也非常便宜，一年不到3000元人民币。健身俱乐部里有巨大的攀岩馆、壁球馆、游泳池、网球场、羽毛球场、篮球场，健身器材等一应俱全，而且全部免费。普拉提、瑜伽、有氧运动等各种健身课程以非常低廉的价格提供给学生，有欧美老师执教。课外活动也是丰富多彩，我还学会了敲非洲鼓。

抵达学校的第一周，我以为自己不小心进入了天堂。曾经那些遥不可及的高消费娱乐项目，一刹那间变得唾手可得，我每天都很兴奋，什么项目贵就玩儿什么。跟朋友一起坐游艇出海、学驾驶风帆船、打壁球、考潜水执照、打高尔夫，等等。

不过，这样的新鲜劲儿也就持续了3个月。在那之后一切又回归到“熟悉的地方没有风景”的麻木状态。游艇、高尔夫、击剑、网球都觉得没什么大不了的，想去随时可以去。而事实是，我后来再也没去过。

有次报名参加周末早上出海的潜水活动，但早上懒得起床，直接就放弃了，反正报名费也不贵，不觉得心疼。回想起来，那时候过的是多么奢侈的物质生活，而当时的我却不懂得珍惜。

20岁出头在沙特体验到物质无比丰富的生活，带给我最大的人生启发是：物质带给人的刺激及其所产生的幸福感几乎是转瞬即逝的，一旦变得唾手可得，人就体会不到快感了，并且很快会变得麻木。

不可否认，人的幸福感会随着物质生活水平的提高而提升，但是当物质水平达到一定程度后，更多的财富给人带来幸福感提升的边际效应（指当其他投入固定不变时，连续地增加某项投入，所新增的产出或收益反而会逐渐减小）会越来越小。

这时候你更需要的是幸福感知力，而不是更多的钱。

同一个笑话，有人听了后笑得前仰后合，有的人却只是耸耸肩表示无感。这是因为每个人的感知力不同，就像同一个苹果，悠悠和她爸爸觉得特好吃，而我却没有感觉。很多国人习惯把德国人的这种大惊小怪评价为“没见过世面”，我原来也是这么认为的，可我后来发现，这也许只是他们有着丰富的感知力的缘故。

呵护孩子的幸福感受力

为什么孩子每天都那么开心，随便玩儿点什么都能哈哈大笑？你有没有羡慕过孩子的这种能力？你可以说是孩子没见过世面，但我更想说，这是因为孩子天生具有很强的感知力。大部分德国人因为保留了孩童般的感知力，所以他们的幸福度很高。

那么，如何帮助孩子培养感知力，或者说如何让孩子的感知力不缺失呢？家长可以参考下面几点。

减少“重口味”的刺激

人的感官很奇特，若使用方法得当，会变得更加灵敏；但同时也要注意，过度刺激也会导致感官变钝。“入鲍鱼之肆，久而不闻其臭”的道理大家都懂，在臭的环境中待久了，就感觉不出臭了。不光是嗅觉、味觉如此，视觉、听觉、触觉同样如此。

当今生活在中国大城市的孩子，平时去哪里玩儿得最多？商场。那里面充满了各种声、光、电的高强度刺激，噪声、音乐、灯光、电动玩具、涌动的人流都让孩子的感官接收器应接不暇。

经常暴露在这种高强度的刺激下，感官会因为高负荷工作而自动关闭接受刺激的通道，这是人体的自我保护机制，表现为“明明很吵，却不觉得吵”“看了跟没看到一样”，这其实就是感官变迟钝了。

孩子的感官天生是很灵敏的，我们要保护好孩子的感知力，不用急于给孩子“最好的体验”，慢一点儿反而更好。德国孩子不开电动玩具车，但是人手一辆自己用脚蹬的bobby car（波比车）。是德国人买不起电动车吗？不是，因为能让孩子运动起来的车才是真正对孩子有益的，而电动车这种充满声、光、电的高刺激产品，只会让孩子的感官变得迟钝。

有的家长一说到去动物园，就要带孩子去最好的动物园之一——长隆动物园，哪怕孩子只有一两岁。其实这是完全没有必要的，自己城市的动物园对一两岁孩子来说已经足够了，去不了长隆也不会错过什么。

还有的家长千里迢迢带着两三岁的娃“打飞的”去迪士尼排队游玩

儿，毕竟迪士尼是最好的游乐园之一，怎么能错过呢？可是迪士尼这样的大型机械式乐园对于两三岁孩子来说也是过度刺激了。德国人一般在孩子5岁前都不会带他们去这种大型游乐园，而是直言“太早了”。

还有一个问题，如果我们经常给孩子灌输“要去就去最好的动物园/游乐园”这样的观念，一开始把眼光定得那么高，可能会让孩子对其他地方统统失去兴趣。虽然家长本意是想“给孩子最好的”，实际上却养成了孩子的“重口味”，降低了孩子的感知力和幸福感。慢一点儿，随着年龄一点点增加刺激，是对感知力的更好保护。

多多接触大自然

这一条是对上一条的延续。前面说过，多感官发展是非常有必要的，但不能过度刺激。而大自然正是提供“五感”开发的绝佳场所，这也是为什么德国如此重视自然教育的原因。

在大自然中，孩子需要同时调动所有感官和四肢去主动探索，去尽情舒展自由意志，而不是被动地接受调动单一感官的游戏。叶子的颜色和形状、树皮的手感、花瓣和泥土的气息、果实的味道、匍匐前进的昆虫……孩子都察觉到了吗?

这比坐小火车或玩儿摇摇椅对孩子有益多了，也有趣多了。如果一个孩子到了大自然中却觉得无聊，无从玩儿起，这是很危险的信号。家长要反思是不是平时看电视、玩儿iPad、逛商场太多了，导致孩子的感官变得迟钝。感官迟钝会导致很多连锁反应，如注意力下降，容易出现打人等暴力行为。多接触大自然，可以改善这些症状。

德国人很少带低龄娃去迪士尼，但是却经常带孩子去上面提到的那种纯天然游乐园。每逢放假，德国人就爱拖家带口地到大自然中去，在大自然中寻找解压的出口，得到精神的放松。

在欧洲，与乐高齐名的德国品牌playmobile的Funpark主题乐园里面没有任何电动玩具，全部是需要孩子自己动手操作、调动各种感官的设施。我带亲戚家的孩子来这里玩儿，读小学的娃直呼比迪士尼好玩儿多了。

德国人对森林的保护可谓到了执着的程度，因为德国人认为，有自然在，人类才有幸福。与自然的联结，是来自人类基因的呼唤。大自然可以给予我们物质世界给不了的平和与力量。商场修得再“高大上”，也不能代替大自然对孩子灵性的滋养。

专注于当下

为未来而活的人，总是容易忽略当下。吃饭的时候想着吃完了干什么；玩儿这个的时候想着等会还有什么更好玩儿的；选择了A又怕错过B；跟C聊天的时候想着D的信息还没回；等等。无法专注于当下的体验，心总是在别处，就很难真正感受到幸福。

幸福是对当下体验的把握，即享受当下：喝茶的时候就细细品茶，聊天的时候就看着对方的眼睛认真倾听与回答，吃东西的时候认真品尝，做一件事的时候不要想着另一件还没做的事，陪玩儿的时候不要总想着看手机……

生活是用来体验的，而不是像打卡一样完成任务。当我们真正专注于手头正在做的事情时，任何一件不起眼的小事都可以让人感受到最大程度的快乐。运动、瑜伽和冥想可以带给人幸福感，究其原因都是在于对当下的专注。

父母要尊重孩子的行为，不要总是粗暴地打断他们。比如，孩子正在专心地看书，但是已经到了睡觉时间，那不妨多给孩子点儿时间，让他把书看完；孩子正在思考拼图，不如晚一会儿喊他吃饭；孩子正在认真地观察树下的甲虫，那我们就停下来陪他一起享受当下那一刻。

The Art of Doing Nothing（什么都不做的艺术）

这是悠悠爸经常讲的一句话，很多人可能不同意。这句话源于我原来总爱抱怨的一句话：“我今天什么都没做，时间都浪费了。”

这时候悠悠爸就会安慰我说：“怎么可能什么都没做呢？休息、发呆也算呀，看电影、刷手机也算呀，你肯定做了什么。”

“可是我只要没有工作和学习，心里就会有负罪感，觉得白白浪费了时间。”我回答他。

“干吗要有负罪感呢？人不应该有放松休息的时间吗？休息也是为了之后能更好地工作。你要学会享受什么都不做，enjoy the art of doing nothing，relax（享受什么都不做的艺术，放松一些）。”悠悠爸又一次成功地把他的人生哲学推销给了我。

“Relax（放松）”简直是我在德国听得最高频的词了。德国人最喜欢的度假方式就是躺在海边晒太阳，躺在沙滩椅上吹海风，闭目养神一下午。在中国人看来，真的可以用“什么都不做”来形容了，简直是无聊透顶，我直到现在也无法完全理解。但是人到中年的我可以get到relax的重要性，以及relax带给人的幸福感了。

“双减”政策出台之前，国内的孩子因为迫于学习竞争的压力，周末对他们来说就是从一个补习班切换到另一个补习班的过程，身体总是处于疲惫的状态，完全没有时间去放松和思考。如今，希望父母在条件允许的情况下，可以给孩子一些休息的机会，带孩子去安静的地方体验一下那种什么都不做的放松的感觉。

第十八课　培养孩子的安全意识，从小开始

勇敢的小小马戏表演家

悠悠5岁暑假时，我们全家参加了一场儿童马戏表演。本以为是观众围台观看，可进去后才发现表演是来真格的。正如其名字Mitmach Circus（一起加入马戏吧）一样，参加这个活动的人不仅仅是观看者，更是参与者。

在热身活动中，主持人和马戏演员带着孩子们跳热身操，让娃娃们3人一组，相对高大的两个人跪在地上，个头最小的孩子站在他们身上。热身结束后表演开始，孩子们围坐成一圈，家长们在后面。

主持人说："我们今天要玩儿火，你们怕不怕火？不要怕哦，我今天就让你们感受一下，火其实不可怕！"刚才的热身操难度就已经让我感到意外，这个开场白更是让我惊掉了下巴。主持人话音刚落，一个马戏演员拿着火炬登场，他的手掌在火焰中反复划过几次，却说一点儿都不疼，看

得我心惊胆战。

“谁有胆量也来试一试？”主持人发问。好几个德国孩子跃跃欲试，举起了手。马戏演员手持火炬，一边摇动一边靠近孩子的手臂，目测只有一两厘米的距离，可是孩子们没有一丝动弹，镇定地盯着火苗拂过，非常信任马戏演员。他们的父母坐在远处草地上，没人起身提醒他们注意安全，只是兴致勃勃地观看着，一个个都很从容淡定。

几个勇士娃尝试成功后，其他孩子也纷纷举起了手。马戏演员说：“大家坐好了，一个个来，每个人都有机会。”孩子们坐在自己的位置上，伸出胳膊，等着马戏演员的到来。当然也有不想尝试的孩子，只需要说“不”或摇头，马戏演员就会走向下一个孩子，不会勉强。

孩子们对火的戒备心消除后，主持人说：“接下来我们来跳火吧！”音乐响起，孩子们备受鼓舞，排好队后整齐有序地朝火冲过去。对于这样的危险尝试，我看得倒吸一口凉气，生怕孩子出现失误后栽进火里。可德国父母不但没有阻拦孩子，反而都鼓励孩子尝试。对于那些想参与却害怕的孩子，会有马戏演员牵着他们的手一起挑战，让所有孩子都能体验挑战危险的成就感。

接着，主持人又点燃了一根木棍，让孩子们从木棍下面穿过去。一开始，木棍被放得很高，孩子们不用弯腰就能走过去。可游戏的难度慢慢增加，木棍的高度被调得越来越低，孩子们弯下腰小心翼翼地钻过去。最后木棍的高度被调整到终极难度，主持人发问：“谁敢穿过去？”聪明的孩子们一个个趴下身子，匍匐前进，一点儿也不怕。最后，主持人向孩子们解释，火燃烧时热量是往上蹿的，所以火的下面并不烫，这也是为什么火炬贴近皮肤时也并不会感觉很烫。

进入下一个挑战——光脚踩碎玻璃。主持人招募志愿者，我们邻居家的女孩L大胆举手并被选中，悠悠对姐姐投去了钦佩的目光。L姐姐在两个朋友的帮助下，听着主持人的口令，成功地光脚踩在了碎玻璃上。从玻璃上下来后，马戏演员检查她的双脚，皮肤没有被扎破，没有流血。全场都向这位勇敢的挑战者报以热烈的掌声。

“接下来我们要挑战更难的，有哪位勇士敢上台接受挑战？” 一个瘦弱的小男孩举起了手。他的任务是将整个身体压在碎玻璃上。我看了一眼男孩的妈妈，她一副为儿子自豪的表情。小男孩按照主持人的提示脱掉了衣服，在马戏演员的帮助下全身趴在了碎玻璃上。

这还不算完，主持人又在小观众里寻找到一位志愿者，对两个孩子说：“你现在要站在他的背上，你们俩准备好了吗？” 两个男孩都点头，没有表现出一丝恐惧。马戏演员将男孩抱起来，放在趴着的男孩背上，“站稳了，胳膊伸直，面朝观众”。挑战又一次成功，全场观众为这两个男孩的勇气再次报以热烈的掌声。

大家可能觉得这样的马戏是小意思，对于受过专业训练的人这确实不算什么难事，可是对于事先毫无准备、即兴上台表演的孩子来说，真的是勇气可嘉。

接下来，马戏演员教授孩子一些基本的马戏表演技术，之后孩子们拿着道具自由摸索和练习，不会的可以向马戏演员请教。悠悠练习了转盘，很快就掌握了其中的技巧。难怪德国幼儿园和小学经常组织孩子表演马戏，这对孩子的自信、手眼协调和身体灵活度真的都是非常好的锻炼。

不过光有孩子们的参与是不够的，必须把家长也“拉下水”。主持人从观众席中找了两位强壮的爸爸做表演助手。在“折腾”够他们，自己也出尽洋相后，主持人问：“有没有人想上来表演一下自己的马戏绝活呢？” 有个大男孩走上前，表演了自己刚刚学习的平衡术，赢来一片掌声。

接着上台的是一个小女孩，她表演了转盘，虽然失败了，不过依然得到了主持人的肯定。我十分佩服这些孩子的勇气和表现欲，虽然都是现学现卖，却个个勇于在众人面前表现自己。

这时一个女孩被主持人点中上台，她走到舞台中央轻松地做了一个侧手翻，“哇哦！”小观众们两眼放光，发出敬佩的感叹声。主持人对一旁的孩子们说：“你们会什么？展示给大家看一下！不管什么都行！”于是，孩子们依次上台，有的下腰，有的两人合作跳马，还有一个孩子站在另一个孩子身上，感觉这些娃娃们个个身怀绝技，运动能力都很强。

一个小小的孩子举起了手，她是悠悠幼儿园的同学，还不到4岁。主持人问她：“你想表演什么？”

“翻跟头”，孩子回答，然后她翻了一个很普通的跟头。接着好多小宝贝纷纷举起手，都想表演翻跟头。

于是，主持人对着全场说：“好，想表演翻跟头的都上来！”话音刚落，一群孩子便跑上台表演翻跟头，真的是每个人都有表演的机会。

最后的压轴戏是呼啦圈比赛，所有孩子都可以参加。每次5人，转到最后的晋级，有7个孩子进入决赛。主持人一声令下，小选手们疯狂摇摆起来，随着音乐节奏的加快，活动气氛达到了高潮。最后，一个8岁上下的女孩获得了冠军。

主持人对小冠军说：“现在你来挑战同时转两个呼啦圈！”小女孩在所有观众的注目之下，卖力地摇摆，表现得很棒。主持人接着说：“再给你加一个呼啦圈，三个一起转，你可以的！”说罢，又替小女孩套了一个圈。现场所有观众都为她鼓起掌来，小姑娘在众目睽睽之下一点儿不掉链子，尽情地展现了自己的实力。

给孩子更多的机会和更多的支持

注重给孩子展现的机会，锻炼他们的勇气

对于上台表演这件事，德国孩子的心理压力要小得多，很多孩子都

是毫无准备的即兴表演，水平自然也差强人意，但大家对孩子的要求并不高，不会抱有“一定要练习到演出水平才够资格登台”的想法。

舞台是属于每个人的，不管孩子表演得好与坏，都会得到观众的掌声和鼓励。德国孩子没有“在台上一定要表现完美，不能有闪失，否则很丢脸”的心理包袱，因此，对于上台表演一事都看得很稀松平常。

从一个有害羞娃的妈妈的角度看，这样轻松的氛围让我十分感动，如此充满平常心的氛围，能真正让每一个孩子都有机会上台表现自己。这样的锻炼机会多了，在周围人的影响下，再内向的孩子也会渐渐学会如何在别人面前优雅地表现自己。

这也许就是为什么大多数外国人举止谈吐都很自然，也很善于表现自我的原因，因为他们从小就有很多锻炼的机会。并且，这个锻炼过程不带任何心理包袱，只要想表现，就有舞台。表演得是否专业不重要，重要的是有上台的勇气。

面对危险，是挑战，还是逃避

穿越火线、脚踩碎玻璃、两个小孩子叠罗汉这些表演看上去都很危险，但德国父母仍让孩子们去尝试，让孩子们去体验。毕竟父母不可能永远陪伴儿女，告诉他们哪些事情不能做，孩子总要养成自己对危险的评估能力。

在中国，悠悠每次做一些稍带危险性的动作，旁边的大人都会说：“小心！小心！好危险！快下来，别玩儿了。”在德国，悠悠玩儿挑战性很强的设施，从来没有人对我们说“太危险了，不要玩儿”的话，反倒会投来赞赏的目光，对悠悠竖起大拇指。

多数中国父母保护孩子的方式就是让孩子远离危险，这种保护甚至会一直伴随孩子到成年；而德国父母则倾向于让孩子体验危险，在与危险的接触中建立自己的风险管理意识，形成自己对危险的判断，直到逐渐不再需要父母时刻待在身边给予保护为止。

父母越是放手让孩子们尝试，孩子的安全意识就越高。这种安全意识不是因为害怕而不敢尝试的胆小，而是对自己的能力有清晰的判断，对风险有正确的评估，知道自己能做什么，不能做什么，不做超出自己能力范围的事，懂得适可而止。

每一次对危险的探索，也是孩子寻找自己能力边界的过程，即清楚知道自己能够胜任哪些活动，哪些事情暂时还做不到。

在德国的儿童运动课上，经常看到挑战平衡木的孩子。面对距离地面1米多高的平衡木，大部分孩子在犹豫一会儿后都会选择尝试，他们伸开双手，小心翼翼地在上面走。

有时候，孩子觉得自己搞不定了，就会向附近别的家长求助："你可以扶一下我吗？"或者大声呼唤妈妈，而有时候，他们在没有妈妈注意的情况下就自己成功走过去了。

如果我胆敢在孩子没有求助的情况下，主动伸手去帮扶，多半孩子会毫不领情地推开我的手，还说着"不，我不需要！"当然，偶尔遇到有的孩子确实需要帮助，也会欣然伸出小手让我扶。

回国时，悠悠喜欢把小区的健身器材当攀爬架，看得悠悠外婆心惊胆战，总是忍不住去扶她。悠悠却不满地对外婆说："你不要扶我！我自己会爬！"我想悠悠是觉得外婆阻碍了她表现和证明自己的机会。

本来她认为自己可以爬上去的，但外婆一扶，就是通过别人帮助才完成的，不算是自己爬上去的了——这种感觉有多沮丧！我想，作为家长我们应该理解。

这时候，我就会劝悠悠外婆："你站在旁边以防万一就行了，如果不放心，可以用言语提醒，但她没要求你扶时，就别扶。她需要你扶的时候，自然会告诉你。”

有的大人觉得，孩子没有安全意识，不知道什么是危险，不会自我规避，需要大人时时提醒和保护。这类家长总是提供过度保护，在孩子遇到可能的危险之前就把危险屏蔽了，让孩子失去了体验危险并从中学习的机会。

事实上，据我的观察，孩子并非不懂何为危险，他们具备很强的安全意识，而且他们的安全意识正是在体验危险之后才发展出来的。感受过危险的可怕之处，才明白不能莽撞行事。家长口头唠叨一百次，不如让孩子亲自体验一次。

如果一个孩子从出生起就有很多机会接触生活中的危险，比如，孩子想摸很烫的杯子时就让他摸一下；想从沙发上往下跳就让他跳一下；想摸剪刀就让他摸一下；想玩儿火就玩儿一下；游泳时不想套游泳圈，那就让他体验一下不套游泳圈的感觉。当然，前提是在大人的陪同下，并且在体验过程中，大人应趁机辅以解释和教育。

德国运动早教班上会设置很多让宝宝从高处往下跳的环节。从高处重重落在地垫上，会感到地垫对身体的冲击，高度越高，冲击越大。孩子只有真正体验过重力的作用，才能体会高度带来的威胁——这是预防孩子从窗户或阳台跌落的最有效的教育。

也许在“冒险”的过程中孩子会经受一点点疼痛，但他们在尝试过程中获得了识别、判断和评估危险的能力，学会了如何保护自己，不做超出能力范围的危险事——这种安全意识可以帮助孩子在没有大人保护的情况下避免更大的危险。

而如果孩子总是被保护得很好，不被允许尝试任何看起来有点危险的事，对危险缺乏真正的体验和认识，当他面临危险时，也就无从自己做出判断和评估，因为他习惯了总是被大人告知什么是危险。这样的孩子要么被驯服得过于胆小，害怕尝试；要么在没有大人陪伴的时候变得“无知者无畏”，不懂得对危险做出合理的评估和判断，从而做出超出自己能力范围的危险动作。这两种情况我想都不是我们想要的。

“授人以鱼，不如授人以渔。”对孩子最好的保护，是让孩子在成长过程中学会自我保护，而不总是依赖家长。

第十九课　兔子的葬礼——一次独特的生命教育

一堂生动的生命课

2018年5月，悠悠上了在她人生旅途中一堂关于生命的课——她参加了一只兔子的葬礼。

这只兔子叫Elvis，与美国著名歌手猫王同名，是悠悠朋友小R家的一只兔子。Elvis搬到小R家刚1个月，它之前的主人换了新家，没有办法再给Elvis提供宽敞的生活空间。小R家有个大院子，便答应了收养Elvis。在Elvis到来之前，我们得知它是一只非常高寿的兔子，今年已经14岁了，而家兔的平均寿命只有10年左右。小R家收养Elvis，也是为了让它安度晚年。

做任何事情都要提前预约是德国人的习惯，连收养兔子这样的事情也不例外，所以提前1个月我们就知道了Elvis搬来的日期。悠悠是小R家的常客，放学后经常去她家玩儿，两个孩子对Elvis的到来期待了整整1个月。其间，小R的妈妈给Elvis搭建了小木屋，买了稻草做窝，修了一个小围栏。

Elvis到来后，悠悠和小R时常钻到矮矮的围栏里面，蹲在Elvis的木屋前，喂它吃胡萝卜。小R家的院子里长了很多蒲公英，悠悠在草地上随手摘一片蒲公英叶子就能拿来喂Elvis。悠悠心心念念也要养一只兔子。她在自己的房间给毛绒兔子搭了一个窝，见人就说她也养了一只兔子，而且是活的。

心爱的小兔子不在了

可惜只过了1个月时间，Elvis就去世了。小R妈妈说，Elvis吃草吃累后就趴下了，之后再也没有醒来，安详地离去了。得知这个消息，我和悠悠很难过，我们知道Elvis老了，但也没想到Elvis这么快就离开了。Elvis的葬礼被安排在第二天下午，小R一家邀请我们去参加。

葬礼？听到他们使用这么专业的词，我不禁觉得有些好笑和好奇。旁边一位妈妈听到我们的谈话打趣道："你邀请了多少人参加葬礼？是不是还有蛋糕和饮料啊？"

"Elvis现在在哪里呢？"我问小R妈妈。

"在我们家冰箱里。"小R妈妈淡定地说。

我倒吸了一口凉气，说："你就把它放在冰箱里啦？"

"我包了一层布，外面还有一个盒子，盒子包得严严实实的，根本闻不出来里面是什么。再说了，冰箱里面本来就存放有肉啊，那还不是死去动物身上的肉。"小R妈妈一向对什么事都看得很开。

听了她的话，我也觉得没什么。倒是悠悠开口问："为什么要把Elvis放在冰箱里？冰箱里面很冷啊。"

"死了就感觉不到冷了。放在冰箱里是为了将Elvis的身体保存更长时间，否则它会被其他小动物吃掉的。” 我感到这个问题有些不好回答，幸好悠悠没有继续问下去。

第二天下午，小R一家、Elvis的原主人一家，还有我和悠悠，在小R家的院子里参加了Elvis的葬礼。

悠悠和小R一直念叨着Elvis在哪里，她们很想再看它一眼。小R妈妈拿着铁锹在院子的角落挖了一个坑，然后从冰箱里把Elvis拿出来。看到平日里可爱的兔子安静地躺在盒子里，孩子们一点儿也不怕，她们对死亡的认知还不够深刻，甚至还想再摸一摸Elvis，想看看它是否真的和以前不一样。

小R妈妈说：“我们马上要将Elvis埋进土里了，你们去摘几朵花送给Elvis吧，这些花会陪伴着Elvis一起上天堂的。”

孩子们在院子里摘了一些花撒在了Elvis身上。悠悠突然叫起来：“Löwenzahn blätter（蒲公英叶子）！Elvis喜欢吃蒲公英叶子，我还要再摘一些蒲公英叶子给Elvis！”

“是的，你说得对，你们再摘一些蒲公英叶子让Elvis带着在天堂吃。” 小R妈妈肯定道。

然后，小R妈妈缓慢地将土撒在Elvis身上，填土的同时还不忘安慰孩子：“你们不用担心Elvis，它现在感觉很好，在土里没有痛苦。” 孩子们安静地点点头，似乎在领悟着什么。

在快要看不到Elvis的那一刻，我们一起向Elvis挥挥手，轻轻地说：“再见，Elvis！”

埋好后，孩子们在土上面摆了一圈石头，Elvis的原主人还在上面插上了她亲手做的十字架，点上了蜡烛，摆上了鲜花。

傍晚回家的路上，悠悠突然说：“妈妈，我想Elvis了。Elvis现在到底是在天上，还是地下？”

“它刚刚在地下，不过现在已经在去天堂的路上了。小R妈妈说，过完夏天，她们会再收养一只兔子的，到时你就又可以和兔子玩儿了。别太伤心啦。”

“但是新的兔子不是Elvis啊！”悠悠皱着眉头，带着淡淡的忧伤。

“你说的是，Elvis已经死了，我们不会再见到它了。”我也很忧伤，但和孩子谈论死亡，我一直采取的是不回避的态度。

“新的兔子我也要给它起名叫Elvis！我喜欢Elvis！”一想到这，悠悠转眼又开心得活蹦乱跳起来。

葬礼之后悠悠偶尔还是会想念Elvis，还给我们家那只毛绒兔子起名叫Elvis，不过她接受了曾经那只Elvis不会再回来的事实。

这是我第一次在德国参加葬礼，更是人生中第一次参加动物的葬礼。虽说过程简单，却从侧面反映出德国人在孩子面前对死亡的坦然态度和对动物生命的尊重。

让孩子知道死亡究竟意味着什么

其实孩子对于死亡并没有我们想象中那般恐惧，他们还无法体会那种生命一去不复返的刻骨铭心的痛楚。相反，孩子的心态非常乐观。我们若能以坦然的态度和孩子谈论死亡，将事实以孩子可以接受的语言告诉他们，反而可以减少孩子因对死亡的未知而产生的恐惧。

Elvis葬礼过后的几个星期，在我们居住的小镇发生了一场车祸，这场意外就发生在我们常去的购物中心门口。那位不幸的女士经过3个星期抢救，最终还是去世了，她的女儿才12岁。

我将此事讲给悠悠，本以为她听了后心情会和我一样沉重，没想到她只伤心了两秒钟，马上就安慰起我来：“她还有爸爸啊！”

“可是没有妈妈了啊！”我提醒她。

悠悠又想了想，说：“但她可以有一个新妈妈。”

我以为她指的是孩子爸爸会再给这个12岁的小姑娘找一个妈妈，没想到她接着说：“她的外婆再生一个小宝宝，她就有新妈妈啦！”

摆在眼前的半杯水，成年人看到的是空的一半，孩子看到的是还剩下的一半。

培养孩子对任何生命都保持尊重

我总觉得，人类对待动物不应该持傲慢的态度，我们对待生命应该有起码的尊重，不管是人类还是动物。

以前在家里看到苍蝇，我会习惯性地挥舞苍蝇拍消灭它们，然后将其丢进马桶。在悠悠1岁多时我改变了这个习惯，当时悠悠看到窗子上趴着一只苍蝇，马上指着放苍蝇拍的方向对我说：“打！打！”也是在同一时期，她看到地上的蜘蛛也会不假思索地拿鞋子去拍。

我意识到我的举动向孩子传达了错误的信息，让她觉得她可以随便剥夺其他动物的生命。其实害虫、益虫都是从人类的视角去定义的，出于自身利益考量，人类不得不杀死害虫，但我们依然应该保持一份对生命的基本尊重。

在那之后，我不再动不动就挥舞苍蝇拍，而是开窗将苍蝇放出去。拾起苍蝇尸体的时候，也不再不屑地将它用水冲掉，而是放入土里，让生命回归自然。

当悠悠拿鞋子去拍蜘蛛的时候，我告诉她：“让它活下去吧，蜘蛛也是生命，你没有必要杀死它。”然后用杯子罩住蜘蛛，和悠悠一起将它送到门外的草地上。

曾经有一次，奶奶在院子里发现了一只毛毛虫，她本来只想将毛毛虫放在放大镜盒子里让悠悠观察，但2岁的悠悠观察了一阵后，兴奋地将毛毛虫从盒子里拿出来，放在地上拿着纸去抓，结果她操作不当，不小心将纸按在了毛毛虫身上，瞬间把毛毛虫给压扁了。

眼睁睁看着刚才还会动的毛毛虫突然变成泥了，悠悠郁闷得号啕大哭，她不知道发生了什么。我对她说：“毛毛虫死了，它不会动了。你想和毛毛虫玩儿可以，但要小心一点儿哦，毛毛虫的身体非常弱小，你得很温柔地对待它们才行。”我不想批评孩子无心的过失，但也不希望她对轻易剥夺了一条生命这件事一笑而过。

下雨时，路上会冒出好多蚯蚓，我也会提醒悠悠：“你走路的时候要注意一点儿，尽量别踩到蚯蚓。和蚯蚓相比，你非常强大，你无意识地轻轻一踩，蚯蚓就死了，蚯蚓多伤心啊！越是强大的人，越应该学会善待弱者。因为你的强大既可以救命，也可能致命。”

她现在在外面看到毛毛虫，已经懂得温柔地对待它们，玩儿一会儿就放回草丛里去。

“妈妈，我可以将毛毛虫带回家吗？”悠悠仰起头问我。

“这里是它的家，它的爸爸妈妈、兄弟姐妹都生活在这里，你将它带回家，它就见不到自己的家人了。如果是你，有人将你带走，让你从此见不到爸爸妈妈，你也会很伤心，对不对？”我微笑着回答她。

“是的，那我不带它走了”，接着又对毛毛虫说，“你快点去找你的爸爸妈妈吧”。

悠悠妈妈说

人类因为超群的智商处于地球食物链的顶端。可是能力越大，责任越大，强者更有责任保护弱者。孩子的绘本和玩偶中至少有一半都以动物为主角，试想一下，倘若地球上只剩下人类，我们的生活会有多无趣？

对生命怀有敬畏，对为我们提供丰富资源的动植物怀有一颗感恩的心，爱护和尊重比我们弱小的生命，才是强者应有的风度。

第二十课　如何与孩子谈论死亡

正视死亡

不少父母会有意回避与孩子谈论死亡的话题。的确，它太过沉重、太过伤感，父母都希望孩子无忧无虑、快乐幸福地成长，不愿让他们过早接触这个连成年人都倍感压抑的话题。

身为成年人的我们害怕死亡，所以假设孩子也会对它产生恐惧和焦虑的情绪，其实大部分幼儿园阶段的孩子是无法理解死亡这一抽象概念的。因此，他们对死这一现象，并不像成人想象的那样沉重和悲观。孩子可能觉得，死了的人仍在继续吃饭、喝水、说话，只是换了个地方，在天上或在地下继续生活。

父母想保护孩子的心情并没有错，但生命的诞生和消亡都是大自然伟大轮回的组成部分，是无法逃避的。我们不可能永远让孩子生活在真空中，隔绝于世间所有的痛苦和伤害之外。

纪录片里被狮群捕杀的羚羊、角落中被蛛网困死的飞蛾、邻居家和蔼的奶奶去世、朝夕相伴的宠物离开，都是孩子在生活中迟早会遇到的与死有关的经历。

既然死是无法避免的，我们也不应对孩子回避生命这一重大话题。父母对死亡的态度会在很大程度上影响孩子，我们至少可以做到不让孩子对死产生误解和避免不必要的恐惧。

如何开启“死亡”这个话题

这个话题虽没有必要主动谈起，但如果遇到了，不妨坦然地告诉孩子大自然和生命的真相。前面提到过，生活中经常能见到与“死亡”相关的例子，比如，在阳台上看到死掉的苍蝇、蜜蜂时，都是跟孩子说起死亡话题的机会。比如，“这只蜜蜂死了，死了就一动不动了，不会飞，也不会采蜜了。我们去把它埋起来吧”。

四季的变化，也是对孩子进行生命教育的极佳例子。春天生命的萌发（出生）、夏天生命的蓬勃生长（长大）、秋天树叶的凋零（衰老）和冬天的静止（死亡）。树叶飘落在地，最终化为尘土，不是和人死了后埋入土中一样吗？这是一个自然的过程。

重要的是，来年不是还有春天吗？新的生命又会出现。这能给予孩子希望，也让孩子不对死亡产生恐惧心理。

引导孩子正确面对亲人的离世

让孩子清晰地知道死亡的意义

面对亲人的离世，要使用清晰明确、孩子听得懂的语言，诚实地向孩子解释死亡意味着什么，且一定要解释清楚死亡和睡觉的区别。“爷爷老了，去世了，他再也不会呼吸、吃饭、睡觉、散步了，也不能和我们说话了，他的身体变凉了，但是现在他也感受不到疼痛了，我相信他现在感觉很好。”对孩子描述这些具体的情形，他们才会对死亡有具象的体会。

知识链接

你怎么和孩子谈论亲人的离世

家长首先要避免以下说法。

1.当孩子问起时，勿用“你现在还不懂，不需要知道”“你还太小，以后再说”之类的回答来搪塞孩子。这种遮遮掩掩的模糊回答反而会令孩子产生不安和恐惧，甚至自己假想出一些可怕的答案。

2.不要用“永远地睡着了”“去很远的地方了”“去旅行了”来解释死亡。这类回答可能会让孩子困惑，让他们对睡觉、旅行产生恐惧。小孩子的想象力那么丰富，大人给一点点信息，他们就可能会胡思乱想：“为什么有的人睡着了还会醒，有的人就不醒了呢？到底是谁决定一个人睡着后还会不会醒来？那我睡着后会不会就不醒了？”“爸爸出差旅行，会不会就像爷爷一样不回来了？”

对于人死后去向的解释，每个人都可以根据自己的信念或信仰告诉孩子，不论去天堂也好，轮回也罢，只要让你觉得舒服，能给你力量的答案就是合适的。如果你不知道答案或者还没想好，不妨也坦诚告诉孩子：“我不知道人死后会去哪里。”

不知道答案并不可怕，可怕的是我们自己的态度，如果忐忑不安、欲言又止，孩子的敏感神经很快就能察觉出死亡是件可怕的事；而坦然面对、开诚布公地谈论死亡，反而能让孩子从小就认识到，这是一件符合大自然规律的事。有时候，问问孩子对死后去向的想法也不失为一种缓解悲伤的方式。

有的较小的孩子会自己想象出一些很具体的答案，比如，人死后去了天上，变成了一颗星星、一个天使，等等，这样的想象能减轻孩子对亲人、宠物等离世所受到的冲击，有利于孩子度过悲伤期，所以家长不需要刻意去纠正孩子的想象。

还有一种答案要引起家长的注意，“爷爷是个好人，所以上天把他带到天堂去了”“上天很爱爷爷，所以把他收回去了”这种答案也可能让孩子对上帝、对死亡产生错误的理解和恐惧，导致孩子误以为只有好人才会死，于是故意做出不好的行为来。

不管你决定如何向孩子解释，请尽量在家庭内部保持统一。要是一个人说在土里，另一个又说在天堂，会让孩子对大人的话产生怀疑，也会引起不安的情绪。

葬礼也是很好的谈论死亡的机会

带孩子参加葬礼或者扫墓并不一定是件坏事。孩子也是家庭的一员，让孩子有机会在葬礼上与去世的亲人道别，让孩子看到家人为了过世亲人所做的一切，也让孩子见证：人死了，并不是简简单单地消失了，而是有很多爱他的人会一起为他送别。这也给了孩子力量，帮助孩子度过悲伤期。

同样，清明节带孩子扫墓，也是在身体力行地告诉孩子，人的肉体虽然死了，可是却可以活在我们心中，扫墓看望过世的亲人，是一种对亲人表达想念和孝顺的方式。

失去亲人后，我们不需要在孩子面前强忍眼泪或掩饰情绪，让孩子知道，成人也是有情绪的，会伤心，也会哭，对孩子的成长十分有利。其实，孩子都是很敏感的，即使我们强忍悲伤，他们也是可以感觉到我们的真实情绪的。所以，告诉孩子自己的真实情绪，比让孩子自己胡思乱想要好。

悠悠妈妈说

对于谈论死亡这个话题，原则很简单：孩子需要真相和安全感。可以试着告诉孩子："所有的人、动物和植物都会死，这是自然界的规律。但是在死之前，还有很长一段时间，长到我们现在不需要去担心它，也不用去想太多。我们现在活得好好的，一起享受当下生活，憧憬未来才是更重要的。"

下篇

情商高的孩子，能自如地面对外部的世界

第一课　多与人交流，发展守望相助的友谊

我们此生遇到形形色色的人有千万之多，可以以朋友相称的却不过数百，能成为知己的更是屈指可数。

在这寥寥数人之中，彼此性格也许大相径庭，可偏偏灵魂相通，实属不易。人生不如意事常八九，可与人言者却无二三。多幸运有了知己，无须开口便懂得自己的喜怒哀乐。难怪千古流传的诗句中那么多是歌颂友谊的："劝君更尽一杯酒，西出阳关无故人""海内存知己，天涯若比邻""桃花潭水深千尺，不及汪伦送我情"。每次听到这些诗句，相信总会有几个身影浮现在你的脑海之中。

社交给孩子带来的好处

亲密的友谊对每个人的健康和幸福都是必要的，幼儿处在心智发展的重要阶段，对这方面的关注自然不能大意。为孩子提供大量的社交机会，帮助他们建立亲密的友谊是父母应该尽力而为的事。有些时候，我们过于

注重孩子身体和智力的发育，却忽略了他们心理的成长。

一次带悠悠在德国体检的经历让我印象深刻。

悠悠3岁去做定期体检时，除了常规项目外，医生问她："你有朋友吗？"

悠悠答："有。"

"你最好的朋友叫什么名字？"医生接着问。

"Gulie。"悠悠不假思索地回答。

医生听了后笑着继续问："那你也是她最好的朋友吗？"

"是的。"悠悠告诉医生。

"你们喜欢一起玩儿什么呢？"医生继续发问。

悠悠回答："荡秋千、滑滑梯，还有娃娃！"

医生又问："除了Gulie，你还有其他朋友吗？"

"还有Renee和Timo。"悠悠回答道。

医生听了很满意，说："你真棒，你不仅有女孩朋友，还有男孩朋友。你很喜欢上幼儿园吧？"

"是的。"悠悠微笑着回答。

"有没有最好的朋友"竟然是德国3岁儿童体检关注的项目之一。儿科医生通过几个问题来了解孩子的社交生活和社交能力的发展进度，这让我认识到，社交能力和友谊发展与身高、体重、听觉、视力、语言发展、大动作、精细动作的考查同等重要。

孩子间的友谊大体可分为三种：

第一种是短期的玩伴，比如孩子在小区里、在游乐场碰到的临时玩伴，他们可以在一起玩儿得很开心，但是分开后很快就会遗忘彼此。

第二种是长期的伙伴，经常见面，比如，幼儿园同学、邻居、亲戚的小孩，等等。孩子之间很熟悉，但是不见面也不会特别想念。

第三种是重要的情感关系，也是第二种伙伴关系的升华。孩子之间有情感依赖，具备真正友谊的特征，也是孩子们口中常念叨的“我最好的朋友”。

虽说前两种玩伴关系对童年很重要，但第三种情感关系在促进儿童社交和情绪发展方面的帮助无可估量，是我们作为父母最需要支持孩子找到的珍贵友谊。

友谊形成的条件

地理位置上的靠近

作为父母，我们应该竭力为孩子创造与其他同龄孩子持续接触的环境，帮助孩子建立长期友谊。例如，上面提到的第一种在游乐场上建立的临时友谊，如果孩子经常与那个小伙伴见面玩耍，那么短期友谊就很有可能发展为长期友谊。

同理，幼儿园阶段形成的长期友谊，如果没有定期见面玩耍来维护，也很快会淡化，孩子会找到另一个离自己近的“最好的朋友”。

以悠悠为例，她1岁半进幼儿园，一开始和所有的小朋友都接触，对他们一视同仁，回家时会谈起所有小朋友的名字，一个都不落下。那段时间，班里所有孩子都处于磨合期。两三个月后，老师向我反映，悠悠开始和Gulie成为好朋友，两人经常一起玩儿，甚至关上门不允许其他孩子打扰。

在家里，Gulie的名字被提起的频率明显高于其他孩子。我和Gulie的妈妈原本没有联系，但因为两个孩子之间的友谊，我们开始联系对方，邀请对方来家里做客，周末一起出游。

家庭间的频繁交往让孩子之间的友谊变得更加紧密，从第二种长期玩伴关系升华到了第三种情感关系。

孩子要具备一定的语言能力

语言能力不一定非要特别强，哪怕是读懂肢体语言和面部表情的能力，都有助于互通想法。一个无法领会别人意图的孩子，很难与他人建立友谊。悠悠和Gulie是班里年龄最大的，也是语言水平最高的两个孩子，在其他小宝贝们还不会说话的情况下，可以用语言沟通的两个孩子很自然地玩儿到了一起。

不过，随着其他孩子的成长和语言能力的提升，她们接纳了新成员Renee进入她们的朋友圈，这段三人友谊一直持续到现在。

一定的合作分享和察觉他人感受的能力

为了维持友谊，孩子要学会等待和分享，要在采纳朋友的建议和坚持自己的想法间做出平衡，不能一言不合就大打出手。显然，情商更高、更懂得用巧妙的非暴力方法来解决冲突和说服别人的孩子更容易获得友谊，而那些经常发脾气，有暴力倾向的孩子会渐渐被其他孩子孤立。

有一次我带悠悠去上运动课，教室里有几个超大的健身球，悠悠在推球玩儿时，幼儿园小伙伴Fritz跑过来抢球，悠悠趴在球上抱住不放，Fritz用力拉几次也没能成功。当时我以为两个孩子要一直僵持下去或者扭打起来，结果机智的Fritz跳着用双手拍球，趴在球上面死死不放的悠悠被球弹起来，可她却觉得很有趣。

Fritz发明了一个悠悠没有想过的玩法，然后悠悠开心地放开手，和Fritz一起边跳边拍球，两个娃面对面哈哈大笑，都对这种新玩法感到有趣，一场争夺玩具的危机就这么被巧妙化解了。

友谊对孩子很重要

友谊在儿童心理发展过程中起着不容小觑的作用，每个孩子的精神世界都需要友谊的滋养，人类的幸福离不开友谊，它的重要性体现在四个方面。

友谊让孩子感觉更自信和强大

如果仔细观察，家长们不难发现，孩子自己一个人的时候是一个样，与朋友在一起时又会显出另外一种性情。通常，当有朋友陪伴时，孩子会更自信、更大胆和更有能力。这一点，我从悠悠身上可以明显地观察到。

悠悠是慢热型的孩子，她在熟人面前很活泼，但到了陌生人面前马上就不说话了。她的好朋友Renee是外向型，只要和Renee在一起，悠悠就会变得外向很多。我们在游乐场玩儿时，Renee看到别的大人会主动打招呼，而从不主动与人打招呼的悠悠，也会模仿Renee跟大人打招呼。

有一次，她们俩在秋千前面排队，正在荡秋千的是两个四五岁的男孩，我和Renee的妈妈站在远处聊天。那两个男孩荡了许久也没有下来的意思，悠悠和Renee忍不住了，她们看了看彼此，然后鼓起勇气对着男孩们喊："现在该我们玩儿了！你们已经玩儿了很久了，我们也想玩儿！"

我当时很是吃惊，因为我自己也不一定有这样的勇气对着陌生人喊话，何况是两个不到3岁的孩子。

我看着两个孩子纤瘦的小小背影，听着她们带着力量感地喊出“现在该我们玩儿了！”时，不禁感叹友谊赋予孩子的力量。正因为有了友谊的支持，两个孩子才能互相打气，有勇气在没有父母帮助的情况下去面对和抵抗外界的挑战。

后来，两个男孩迫于压力，也自知理亏，主动把秋千让了出来。悠悠和Renee为争取到了玩儿秋千的权利而快乐无比，她们都尝到了友谊的甜头。所以，有朋友在旁边支持的时候，我们敢于做出平时一个人不敢做的事，朋友让我们变得更勇敢、自信。

在悠悠4岁那年，我给她报了一个舞蹈班，同时还说服Renee的妈妈为Renee报名，这样两个孩子就可以结伴去上课。事实上，悠悠参加的所有早教班都是和朋友一起的。

第一次试听时，不允许家长进入教室，我和Renee的妈妈在窗外偷偷观察。两个孩子一直挨着，时不时看看彼此，一个孩子做了动作，另一个也会跟着做；一个孩子站着不动，另一个也站着不动。她们都希望从朋友那里获得下一步该如何做的提示，而与朋友保持一致让她们在陌生的环境中感到安全。

友谊让孩子有归属感

每个人都需要归属感，对于孩子来说，家庭能提供归属感，但当他们进入集体生活后，也需要来自集体的认同。若孩子在幼儿园有好朋友，会更愿意去幼儿园。

这种认同对孩子的心理健康至关重要，不被集体接纳的孩子会产生巨大的心理创伤，长大后出现抑郁的风险会增高。

拥有朋友令孩子感到来自集体的认同，而这份归属感和安全感也让孩子能够更自如地放手去探索。

悠悠参加的运动课，每周有两次：一次是周三在家附近，参与的孩子都是邻居和幼儿园小朋友；另一次是周五在离家较远的地方，参与的孩子都是她不认识的。通常，只有周三没时间去上课的时候，我才会带悠悠去上周五的课。

一段时间之后，悠悠把周三的运动课称为“我们的运动课”，每次上课前她都很期待；而周五的运动课则被她称为“他们的运动课”，上了几次后就不想去了，因为那里没有她的好朋友，她觉得自己不属于那个集体。在“我们的运动课”上，她明显更加大胆，与别的孩子互动的时间更多，和朋友一起创造出新玩法的行为也更多。

归属感还表现在好朋友之间喜欢穿一样的衣服、戴一样的发卡等。有段时间，悠悠每天都要穿带史努比图案的小背心，因为她的朋友刚好也有件史努比背心，这样她们在午睡的时候就可以对彼此说：“看，我的背心上也有史努比！”

友谊给予孩子情感的依靠

每个人都有倾诉和分享的需求，人类的情绪必须与他人分享才能得到理解和释放，这让人们感觉良好并保持心理健康。无人诉说而积压太多情绪会使我们崩溃，孩子也不例外。

当孩子经历了一件有趣的事或收到一个好玩儿的礼物时，会迫不及待地想要和朋友分享，会不断重复地说：“我想把这个玩具带到幼儿园去和小朋友一起玩儿。”我们回国两个月的时间里，悠悠经常提到她的朋友，说想让Gulie和Renee一起坐飞机来中国看她的外婆。和好朋友分享自己的经历是令人愉快的。

上音乐课时，如果Renee心情不好，悠悠就会坐在Renee旁边陪她，自己也不唱歌了，两个人都是一副闷闷不乐的样子；而当Renee心情变好时，悠悠的心情也马上闪亮起来，两人便立刻又唱又跳了。

孩子之间还会有小秘密，虽然有些秘密在大人眼里无关紧要，但是共同的秘密让孩子们觉得他们有朋友可以信任和倾诉。这种互信的亲密感让孩子感到自己被爱，被世界温柔以待。

友谊能促进社交能力的发展

社交能力如何获得？很多书里都分享了大量的技巧，但人与人之间的关系是微妙而复杂的，没有一种技巧适用于所有人和所有场合。社交能力的真正习得只能通过无数实战经验的积累，就像想学游泳必须下水一样。

孩子在长期的友谊中，逐渐学会了如何与朋友和睦相处，如何分享和合作，如何体谅别人的感受，如何在不伤害友情的情况下坚持己见，如何解决冲突，如何道歉，等等。这一切如果没有友谊的土壤，又怎么能得到锻炼？

父母应该怎么做呢？父母首先应该做的是，认识到友谊对孩子的重要性和意义所在，并且明白第三种友谊和前两种玩伴关系的区别。

我们可以教给孩子破冰的技巧，告诉他们如何主动和喜欢的小朋友搭话；帮助孩子寻找一个潜在的好朋友，为孩子营造结交长期友谊的环境，比如定期见面和约玩等；我们还可以丰富自己的社交生活，让孩子有机会观察父母是如何与人互动的。

此外，培养孩子的同理心，向孩子示范如何和平地解决冲突，都有助于孩子进行社交和发展友谊。

在婴儿时期，父母是孩子最重要的情感纽带。然而，随着年龄的增长，友谊将在孩子成长过程中扮演愈发重要的角色，在青春期甚至会超过父母对孩子的影响力。

孩子的健康成长少不了朋友的陪伴，谁不期望自己有一份像俞伯牙与钟子期那样的友谊呢？古语有云：千金易得，知己难求。我们要帮助孩子找到自己的挚友。

孩子在社交中会遇到哪些问题

孩子们在社交中会遇到各种各样的问题。

一天放学后，我邀请悠悠的朋友小G到家里玩儿。刚进家门，悠悠就对我讲：“妈妈，我要骑自行车。”

“骑什么自行车呀！家里只有一辆，再说小G还不会骑车，外面那么热，还是在屋里玩儿吧。”我没多想就回答她。

“我就想给小G看看，我会骑不带辅助轮的自行车了。”悠悠狡黠一笑。

这时我才反应过来，原来这个小家伙是想在朋友面前炫技。悠悠骑上车，在院子里兜了一圈儿后就心满意足地回到屋里，而小G全程跟在她旁边跑。

两个小家伙进来后，我倒水给她们喝。杯子是我随手拿的，一个粉色、一个橙色，当时有个念头在我脑中快速闪现，两个孩子会不会争杯子？但转念一想，应该不至于，毕竟她们已经5岁了。

结果，两个娃还真的为拿到粉色杯子僵持不下，各不相让。明明有很多选择，却偏偏都要争同一个，这不是两三岁孩子才会做出的举动吗？怎么到了5岁还是这样？没办法，我只好又找出一个一模一样的粉色杯子，才平息了这场“战争”。

可是刚结束杯子争夺战的两个小家伙再次进入了“竞争”模式。

“看我有这个亮闪闪的文身，是过生日的时候小M送给我的。你没有吧？”悠悠骄傲地向小G展示。

“我家里有Elsa的文身，你没有吧？哈哈哈。”小G回敬悠悠道。

“我衣服上有Elsa，我的发卡是Elsa的，你没有，啦啦啦。”悠悠言语中带着一丝得意。

“我有Elsa的娃娃，还有好多好多芭比娃娃。”小G不甘示弱地说。

“我也有！我在中国的时候我的姨妈和舅舅送了我好几个芭比娃娃。”悠悠反击说。

两个孩子满脸的天真无邪，嘴里却蹦出各种攀比、挑衅的话语，使坐在一边的我感到十分不悦，我对她们说：“你们能不能不要再比较了？悠悠，你有很多玩具，小G也有很多玩具，是不是一样的并不重要！你有的她没有，她有的你没有，这都很正常！这有什么好比的？你们好好去玩儿游戏吧，不要再比来比去了！”

我和马克思都不喜欢和别人做比较，平时在悠悠面前说话都会有意识地避免拿她和别人比较。德国的父母凑在一起也会注意不在孩子间做比较，虽然不知道是否真正能做到知行合一，但至少嘴上是克制的，大家都有“做比较对孩子不好”的共识。

即使在这样的大环境下，孩子们还是喜欢攀比和炫耀，这无疑是人类本性的流露。既然这样，那么学会不攀比，抵抗比较而带来的焦虑和不安就是教育的任务。爱和别人攀比是天生的，而“不去比较，宠辱不惊，坚持自我”的强大内心才是后天应该注重修炼的。

这种互相比较的情况在幼儿园也经常发生。有一段时间，悠悠对穿衣服特别挑剔，我给她买的、她姑妈为她亲手缝制的很多衣服她都看不上。

“灰色和棕色是男生的颜色，不穿！”

“这件衣服上没有bling bling的亮片，不穿！”

我问她：“为什么一定要穿带bling bling亮片的衣服？总不能每件衣服都带亮片吧？”

“别人都穿有亮片的衣服，我如果不穿有亮片的，她们会笑话我。我不想她们笑话我。”悠悠回答我。

听孩子这么一说，我很理解她的心情。小小的她，为了被团体接受而不得不做出与大家一致的行为。

“为什么总喜欢和别人一样呢？你可以不一样啊！如果有人因为你没有穿亮片衣服就笑话你、排挤你，那你就不要跟他玩儿好了！这样的朋友不值得交！”我试图和悠悠讲道理。

知识链接

孩子也会随大流

20世纪90年代，哈佛大学社会心理学家曾经做过实验，将一群和谐相处的学生随机分成A、B两组来完成任务。结果发现，原本是朋友的人，在被分到不同组之后，很快就因为组别不同而显现出了对彼此的敌对情绪；被分到同一组的人会不自觉地维护自己的组员，贬低和攻击另一组的成员。

几天之后，他们甚至发自内心地觉得自己的组员比另一组的成员更优秀，产生了强烈的高人一等的感受。但这一切其实都是错觉，因为当初的分组完全是随机的。身为天之骄子的哈佛学生尚且如此，何况是涉世不深的小孩呢？孩子的社交不过是暴露了人类或者说是动物的本性。

然而，四五岁的孩子哪里具备这番抵抗同伴压力的能力？孩子和大人一样具有社会性，在幼儿园的每一天，对他最重要的事莫过于被团体接受。虽然对悠悠受到了不良同伴压力的引导而感到不甘心，但为了孩子融入团体，我还是不得已地给她买了几件带bling bling亮片的衣服。

美国杰出的心理学家迈克尔·汤普森在《朋友还是敌人：儿童社交的爱与痛》一书中讲述了很多美国校园的社交案例，其中最绕不过去的话题就是“同伴压力”，孩子会因为同伴压力而做出极其愚蠢甚至对自己有害的行为。

教育就是把人从动物变得文明、理智的过程，这个过程非常难，但是我们还是要朝着这个方向去努力。否则就会沦为人云亦云、随波逐流的乌合之众，被人利用和操控而不自知。

父母应该了解人类的本性，时刻提醒和引导孩子，不要让他们掉入处处与人比较、给别人贴标签、被同伴压力绑架的陷阱中。虽然这是一个非常缓慢且艰难的过程，但如果孩子可以成功克服这些人性的弱点，此生将受益无穷。

家长在培养孩子社交能力方面的问题

中国最近20年所取得的科技成就是世界瞩目的，高性能计算、载人航天技术、探月工程、深海勘探、通信技术等都慢慢从跟随者变成了领跑者，这和中国出色的基础科学教育密不可分。

中文语境里有个说法叫“进入社会”，通常指的是大学毕业开始工作后。而在“进入社会”之前，孩子人生的第一要务就是学习和考试，其他的都可以等到进入社会后再学。

但在英语和德语里都没有“进入社会”这种说法。其实，人是社会性动物，一出生便生活在社会中，哪里是等到大学毕业后才进入社会？为什么要将孩子与社会隔绝呢？

父母一方面为了孩子可以专心学习，帮他们解决大量问题，减少社交机会，另一方面却又抱怨孩子社交能力弱。这不是很矛盾吗？社交也是一项技能，只有通过大量的练习才能做到游刃有余。并不存在一个时间点，在时间点之前就是学习知识，在时间点之后就是学习社交，这两者都是孩子未来立足社会的必要技能，对它们的学习应该是同时进行的。

大三那年，我以交换生的身份出国交流，当时感受特别强烈的是：外国学生怎么都那么成熟呢？虽然大家都是二十出头，但我总觉得自己举手投足间显得稚气未脱，而欧洲学生的言谈举止都特别有成年人的范儿。

这个问题困扰了我很久，终于在我有了孩子后得到了答案。那就是，中国父母太把孩子当孩子了，所以他们永远长不大。

孩子的问题归根结底是父母的问题，他们就是父母的复印件，如果孩子哪方面出现了问题，父母应该首先反思自己。父母应该把孩子当作一个独立的个体，让他们广泛去社交，学会解决冲突，在教训中成长。

不要总想着把他们保护在自己的羽翼之下，让他们在主观上产生一种“我就是一个孩子的想法”。如果父母一律事无巨细地包办，孩子会觉得自己不需要社交，因为爸爸妈妈已经帮他把问题解决了，这就是国内家庭在培养孩子社交能力方面最主要的问题。

提前培养社会性

在德国，学前教育的首要任务是培养一个举止得体、生活独立、能适应社会的人，使孩子习得社会性。而社会性和创造力是未来最不容易被人工智能取代的两种能力。

什么是社会性

社会性是在德国教育中被重点强调的能力，尤其在童年时期。人类社会性的发展从出生即开始，一直延续到成年。更确切地说，社会性就是人际交往能力以及处理人际关系的能力。

这种能力越早开始锻炼，越容易自然养成，然后成为情商的一部分，而越往后将越难掌握。社会性包括但不限于以下几项。

- 团队能力。孩子是否有能力加入一个团队，与别人合作、帮助别人；是否有能力在团队里根据情况坚持自我或适时退让。
- 面对批评和冲突的能力。孩子是否能平和地对待别人的批评，而不是将批评视为攻击；是否有做出妥协的准备；是否愿意和平解决冲突。
- 个人能力。孩子是否拥有自信和强烈的自我意识；对他人是否宽容和灵活。
- 同理心。孩子是否能识别和感知别人的情绪；是否能对别人的意愿和需求做出合适的反应。
- 沟通能力。孩子是否有能力表达自己的愿望、需求和其他感受；是否敢于与别人建立联系；是否能够倾听别人的话。

之所以用“习得”，而不是用“培养”，正是因为人际交往能力是一种很微妙的能力，它并不能从书中或家长的口头说教中学会，只能在与人的互动实践中不断积累、总结和修正。就好比读再多的网球理论书，若没有碰过网球拍和网球，也依然学不会打网球一样。

想要孩子习得人际交往能力，最直接有效的方法是让孩子从小有很多与同伴一起玩儿的机会，并且是和各种各样的人玩儿。

如果孩子一开始做不到，那就需要父母示范和帮忙。例如，主动问一问小区的孩子：“悠悠想和你玩儿，你们一起玩儿好不好？你看她带了很棒的玩具。”又或者主动邀请小朋友到家里来玩儿，尽可能地为孩子营造良好的社交氛围。

培养社会性，从以下几点做起

为了使孩子更好地掌握社会交往能力，德国家庭的以下几种做法值得我们思考。

- **提前给孩子习得社会性的机会，培养权利意识**

离开了以自我为中心的家庭，进入幼儿园的集体环境，不懂分享、一言不合就打人的孩子，一到幼儿园就开始学习礼貌用语与行为、学习理解他人的感受、学习合作、培养规则意识、管理人际关系、学着自己独立解决问题——社交能力是从小就应该学习的基本能力。

悠悠所在的幼儿园入口贴着一张“聪明狐狸”的活动表。“聪明狐狸”是幼儿园中即将进入小学的5岁以上孩子为自己起的称号。不同于其他孩子，德国幼儿园为“聪明狐狸”准备了许多活动——只是这些活动既不教算术、英语，也不是认字、写字，而是一系列社会活动，即为帮助孩子进入小学提前做准备。

这些活动包括马术表演（是表演，不是参观）、了解新媒体（主题涉及健康饮食）、参观消防站、参观图书馆、参观泰迪熊医院、参观警察局、参观银行、参观面包房，等等。

这些活动旨在帮助孩子了解社会上各种机构的职责和社会的运转机制：警察是干什么的；我们为什么需要警察；何时该向警察求助；消防员是怎么工作的；媒体的作用是什么；如何利用媒体获取有用信息；如何在图书馆借书和还书；图书馆里除了书，还有什么；医院里每天都在发生什么；怎样去看病；如何取药；银行是干什么的；钱为什么要存在银行；取款机里唰唰流通的钱是从哪里来的；面包是怎么做出来的；等等。

每参观一个机构，都会配有专业讲解人员，让孩子们明白遇到某个问题时该去找谁解决，以及可以通过哪些合法途径解决。在教会孩子遵守社会规则的同时，更让孩子懂得如何利用社会资源为自己服务——公民的权利与义务是对等的，每个人对社会既有义务，也有权利。

遇到问题找爸爸妈妈求助固然没错，但我们还需要让孩子学到，自己可以为自己做什么。

- **为自己的行为负责，学会承担后果**

在中国，孩子打了人，通常是家长去道歉。偶尔，悠悠在德国打了人时，我也习惯性地向被打孩子的父母道歉，可是那些德国父母却觉得奇怪："孩子打了人，为什么是你道歉？"

> 悠悠在德国被打了，德国父母会立刻教育自己的孩子向悠悠道歉，但父母却不会向我和悠悠道歉。一开始我还觉得有些不开心，但后来见识得多了我也释然了。因为在德国父母眼里，孩子犯下的错，就应该由孩子自己承担后果。父母不能动不动就出面替孩子道歉，做孩子本该做的事。
>
> 马克思说他读小学的时候，因为磨蹭而经常迟到。他的妈妈开车送他和他妹妹一起去学校，因为哥哥的磨蹭导致妹妹也一起迟到，妹妹也受到了老师的处罚。为此，悠悠的奶奶专门写了一封信给妹妹的老师：
>
> "妹妹Julia每天必须和哥哥坐同一辆车去学校，Julia每天按时起床，按时准备完毕，她是为了等磨蹭的哥哥才迟到的。所以，Julia没有错，请老师不要处罚她，该受处罚的是她哥哥。"

马克思轻描淡写地说起这件事，却让我对德国父母的思维方式目瞪口呆。在中国，孩子如果迟到，连我自己都会觉得是父母的责任，至少要承担部分责任，谁会认为那只是孩子的责任？悠悠奶奶竟然还能淡定地写信给老师，要求不处罚妹妹只处罚哥哥，却丝毫不提父母本身的责任！

这充分说明，在德国人看来，孩子是独立于父母之外的个体，孩子应该学会为自己的行为负责，按时上学这种事应该完全由孩子自己做到，不再需要父母帮忙。因此，如果迟到了，老师不会怪罪到父母头上，该承担后果的有且只有孩子自己。

- **老师充当观察者和引导者，帮助孩子发展社会性**

在早晨的时候，每个孩子都会得到问候，包括因生病或度假而没来的孩子也不会被忘记，老师会告诉其他小朋友，“Max去度假了”“Mia今天生病了”，等等。老师还会和孩子们一起制订规则，并反复讨论和更新（这适用3岁以上班级，当然也要看是什么规则），教室不是老师的“一言堂”。

老师会创造机会让孩子成为帮助者和提建议者。当看到孩子需要帮助时，老师会问旁边的孩子：“你可以去帮一帮Max吗？”如果有孩子向老师求助，老师也会在条件允许的情况下问问周围的孩子：“你们觉得这件事可以怎么解决呢？你们有什么好的建议吗？”

长期这么做的好处是让班里的每个孩子都感到自己是集体中的一员，要关心他人，不能对其他孩子的事坐视不管。有孩子需要帮助时，会有人主动伸出援手；有人被欺负，其他孩子看见了也会插手主持公道，或者告诉老师。

有一天，我去幼儿园接悠悠，老师对我说：“今天悠悠和她的朋友们几乎没怎么和我说话，她们从早上一来就忙个不停，对要玩儿什么很有想法，意见不合的时候孩子们也会自己商量玩儿什么，一天都没找老师。”

我很赞同老师的做法，这可谓同伴教育的践行者，因为真正促进孩子成长的正是同伴。正因如此，德国父母一般也不挑幼儿园，而是选择就近入学，只要孩子每天有大量的时间和同伴一起玩耍，在德国人看来，学前教育的任务就完成了一大半。

• 给孩子大量时间与同伴自由相处，在玩耍和冲突中学习

让孩子和小伙伴一起长大，一起去面对和经历成长过程中的种种挑战和新奇体验，互相支持和陪伴，是德国父母希望并努力为孩子营造的社交环境。

有时候，我已经计划好了在家和悠悠玩儿桌游或拼图，但小朋友的妈妈打电话邀请悠悠去玩儿，我会二话不说就把她送过去，但我自己却并不留在那里。我认为，孩子与同伴相处一下午的时间，比一个人玩儿桌游、拼图的收获大多了。她们就是在抢蚯蚓、争着该谁当妈妈的过程中渐渐发展出人际交往能力的。

其实孩子之间的冲突是学习的绝佳机会。常常有人问，我不喜欢孩子的朋友，需要干预吗？这个问题我也考虑过很久，但是经过观察后，我的答案是暂时不干预，要分年龄和事态来具体看待。

悠悠的好朋友小G我就不太喜欢，因为小G有些霸道，几个孩子一起玩儿的时候大家都必须听她的，由她决定玩儿什么，对其他孩子的提议，小G一律否决。如果别人不按她说的做，她就使出撒手锏："我不跟你玩儿了，你不是我的朋友。"

悠悠比小G小3个月，因为不想失去这个和她一起长大的朋友，大部分时候悠悠都会在小G面前做出妥协；而悠悠在另一个好朋友小R面前却完全是另外一番景象。小R的性格虽然很强势，但同时又富有同理心，喜欢主持正义。悠悠和小R一起玩儿的时候，两个人轮流提建议，有时你听我的，有时我听你的，画面非常和谐。作为妈妈，我心里当然更喜欢小R。

在悠悠5岁的一天，从幼儿园回来后她闷闷不乐，在我的询问下她告诉我："今天我和小G、小R三个人一起玩儿'爸爸妈妈宝宝过家家'，小G又要当妈妈，每次都是她当妈妈。"

“那你怎么回应的呢？”我问道。

“我向小G提议，你也可以当爸爸啊，我还一次妈妈都没有当过，我也想当一回妈妈。”悠悠回答我。

“那小G怎么说呢？”我继续问。

悠悠说：“她说不行，她就要当妈妈，要我当爸爸。”

“那你们怎么解决的？”我追问悠悠。

悠悠说：“小R也说不行，不能每次都是小G当妈妈，她也要当妈妈，她不听小G的，然后小G生气地走了，她不跟我们玩儿了。我觉得小R做得不对，她把小G气走了。”

孩子有自己的价值观和行事风格，我虽然平时不喜欢干预悠悠择友，但仍希望借这场对话在处理人际关系上给悠悠一点儿建议，于是我告诉她：“我认为小R做的是对的，你应该支持她。你和小R都有说‘不’的权利，如果你不想小G每次都当妈妈，你就应该像小R那样把你的心声说出来，不需要每次都听小G的。”

对于悠悠有两个性格截然不同的亲密好友，我倒觉得这恰恰是她习得人际交往能力的契机。一方面，在小G面前她要学着妥协让步，以及在不断表明自己的主张中体会遭到拒绝的滋味；另一方面，在小R面前她可以获得做决定、被接受的体验，又能向小R学习说“不”，维护自己的权利。

孩子自己选择的朋友，一定有他的原因，可能是该朋友身上有吸引孩子的地方，也可能是该朋友正好能满足孩子现阶段的某个发展需求。让孩子自己去发现朋友身上的优点和缺点，体会挫折，我们可以给建议，但不要强迫，相信孩子以后能做出自己的选择——至少在学龄前我们不需要干涉孩子择友。

在孩子的友情世界中，每一天都会上演无数次冲突，而每一次冲突都是练习如何处理人际关系的机会。在孩子小的时候要灌输给他们权利意识，若孩子没有能力维护自己的权利，家长可以示范怎么做。等孩子具备一定的语言和行动能力之后，我们就要懂得鼓励孩子自己去面对冲突了，大人过多的干预会让孩子形成依赖，也会阻碍孩子发展解决冲突的能力。

孩子间的冲突不在乎谁输谁赢，应该教孩子将目标着眼于找到一个双方都愿意接受的解决方案。在冲突中学着辩论，也学着适当让步和妥协，会让孩子变得更有韧性，也更能抵御挫折。

在一个允许辩论的环境中，孩子会学着使用语言捍卫自己的主张，同时又不得罪或者贬低别人，这是非常高超的说话技巧。我们不是不能反驳别人的观点，只是要注意说话的方式和语气。哪怕反驳，也要让对方听起来能够接受。

在辩论中，孩子还可以学会从别人的角度看问题，并更好地理解别人的感受。家长平时在家就应该鼓励孩子多辩论，不仅说出观点，更要列出理由。比如，悠悠想要买什么东西，哪怕是我不想给她买的东西，我也会先问问她为什么想要，如果她能说出好的理由说服我，我就会给她买。

- **有意识地放慢学习节奏**

德国人一般会希望幼儿园学习的进度慢一点儿，再慢一点儿，给孩子足够的时间去发现自己的兴趣。还有的德国父母故意让孩子（一般是男孩）晚一年上学，让他们在幼儿园多玩儿一年，等身心更加成熟后再进入小学学习。

德国的教育理念就是如此，他们认为学前教育的重心不是智力开发，而是儿童社会性和创造力的发展，因此，德国孩子在上小学之前都没有学字母拼读、做加减法等压力（有的幼儿园会教孩子20以内的数数），少部分想学这些知识的孩子老师也会教，只是不会强迫。

科技创新强国芬兰的教育理念和德国也非常相似，芬兰的小学入学年龄是7岁，在那之前，孩子在幼儿园的任务就是自由玩耍，在玩儿中发展出社会性和创造力。

不光是学习的节奏，就连“玩儿”的节奏，德国人也会有意地放慢。我和德国父母相约去儿童博物馆、大型游乐场、主题工坊等地方时，他们经常会说：“这个对孩子来说还太早了一点儿，他们还看不懂，等四五岁了再去。家附近的农场和游乐场足够孩子们玩儿了。”

悠悠奶奶一直留着马克思小时候的玩具，如乐器、桌游、望远镜、乐高之类，她并没有一股脑儿全送给悠悠，而是一点点地拿出来给悠悠玩儿。她说得最多的一句话就是：“这个悠悠现在玩儿还太早了，等她长大点儿再送给她。”

悠悠妈妈说

德国家庭育儿的出发点就是熟能生巧，这和中国学生通过做大量练习题掌握知识是一个道理。记得在我读高中的时候，数学老师总跟我们讲，想在高考中数学得满分吗？那就多做题，把所有题型都见识了，自然能得满分。

德国孩子用大量时间，在没有成人干预的情况下社交，就是在扩充自己的“社交题库”。有人的地方就有社会，一个人的社会化应该从幼儿时期就开始，不要等到“长大以后”才去做。要知道，我们只有给孩子多多的成长机会，他们才会真正地长大。

第二课　重视自己、尊重自己——重视给孩子过生日有奥秘

德国父母对孩子的生日极为重视，从1岁开始，每年必过。幼儿园大纲中有为小朋友庆祝生日的明确规定，因此连老师也不敢怠慢。教室的墙上总是挂着小朋友们的照片和生日日期图片，提醒老师不要忘了为孩子们的生日做准备。

为什么给孩子过生日这么重要？先抛开其他不谈，在幼儿园给孩子过生日的最重要原因是：让孩子在集体中体验自己存在的重要性。

每年一次的专属日子给了孩子自己做主的机会

孩子生日当天，小寿星会戴上老师亲手为他做的皇冠，所有人围在其周围，一起对他唱生日歌："你的出生是多么美好，世界要是少了你，我们一定会非常想念你的！"然后，在所有人的关注下，小寿星吹灭蜡烛，并接收老师们准备的礼物。接下来，大家坐下来一起吃小寿星父母带去幼

儿园的蛋糕或其他食物。

作为当天的主角，小寿星可以指定小朋友们的座位，决定谁坐在自己身边。在生日那一天，很多事都由他说了算。只要孩子愿意，在幼儿园的一整天他都可以戴着皇冠，这样不管他走到哪里、遇见谁，所有老师和同学都知道这个孩子今天过生日，大家都会热情地祝他生日快乐。

在生日那一天，所有人都以过生日的宝贝为中心，孩子能感到比平时更多的关注和重视，这种“特权”让孩子充分地感到自己很重要。生日时，还能收到很多礼物，吃到比平时更多的甜食和蛋糕，难怪每个孩子都那么盼望自己的生日快快到来。

生日聚会是锻炼社交能力的好机会

在德国父母眼里，生日聚会是孩子早期最重要的正式的社交活动。德国人非常注重从小培养孩子的社交能力，父母之所以重视孩子的生日，另一个重要原因是：父母主动为孩子创设社交环境，为孩子打造自己的朋友圈助一臂之力。因此，德国孩子的生日聚会必须邀请小伙伴，且以小伙伴为主，否则就失去了“营造社交环境，锻炼社交能力”这一重要的意义。

此外，在邀请小伙伴、和朋友一起过生日的过程中，孩子也能体验到与别人分享快乐的重要性——独乐乐不如众乐乐。德国孩子5岁前的生日聚会，一般过得还算简单，请几个好朋友参加，收礼物、吃吃喝喝、自由玩耍，没什么特别明确的主题。且由于孩子年龄还小，通常都会有家长陪同参加。

5岁之后，大部分父母都会对孩子的生日聚会更加重视。随着孩子的朋友圈越来越广泛，过生日邀请的小伙伴自然也越来越多，少则六七人，多则十几人。很多父母会和孩子一起挖空心思提前筹划：亲手制作邀请卡、确定生日主题、租场地、布置现场、设计流程和游戏项目。

受邀孩子的父母则会放手让孩子独自去参加朋友的生日聚会，到了约定的结束时间再把孩子接回来。说起来还有点儿小伤感，这一变化也象征着孩子已经有了自己的朋友圈，父母是时候将自己的生活与孩子的生活分开了。这也是创造机会让孩子充分做自己的主人，大人不再插足孩子的社交生活。

遇到家里亲戚多的情况，很多德国人会给孩子办两场生日聚会。一场与家人、朋友在家里庆祝，另一场则是专门邀请小伙伴，在外面租个好玩儿的场地，让孩子和朋友们在外面玩儿个痛快。有时候聚会结束了，小伙伴们还会回到小寿星家里过夜。

在德国，只要是玩儿的地方，都提供举办生日聚会的场地服务，如动物园、农场、攀岩室、古堡、儿童博物馆，等等，餐饮、导游样样具备，租金至少在150欧元以上。邀请的人越多，租金就越贵。

但是要这样想，邀请的人越多，被回邀的次数也越多，也算是为孩子创造了更多社交活动的机会。为了孩子，德国父母也是很拼的。

重视生日聚会的好处

培养孩子的主人翁精神

举办生日聚会可以培养孩子的主人翁精神。在孩子小的时候，办好生日聚会主要是父母的任务，孩子只需乐享其成即可。但是，随着孩子年龄的增长，德国父母会有意识地让孩子参与派对的组织。

首先，孩子作为生日派对的主人，在准备过程中，不得不考虑请谁不请谁这种有关人际关系的问题；在聚会过程中，也要担当起主人的角色，让自己的客人吃喝玩乐都尽兴，照顾好每个人的感受。

其次，筹办聚会很考验主人的计划和组织能力：饮料、食物、餐具、场地、娱乐项目等都需要提前计划和统筹。外国孩子的领导能力和组织能力怎么培养起来的？从小开派对是一个很重要的原因。毕竟，能成功举办一场生日聚会，让所有人玩儿得开心，考验的是综合能力。

让孩子学会为别人而开心

前面说的都是孩子在自己过生日时是主角，其实，懂得在别人过生日时为他人庆祝，为了别人而开心也是高情商的体现。一个人不可能始终是所有人关注的焦点，孩子不能心里只装着自己。

在让孩子感到自身重要性的同时，父母和老师也要让孩子通过参加别人的生日聚会体验到，给别人带去快乐也能让自己获得快乐，明白人与人之间不能一味索取，有付出才有回报的道理。

比如，让孩子为自己的朋友、家人亲自挑选或亲手制作一份礼物，为了别人而付出时间和心思。当过生日的人收到孩子精心准备的礼物而开心时，孩子自己也能收获一份无法用语言表达的满足感。

在幼儿园里，孩子们轮流过生日，每个人都有机会做焦点，但是每个人也要学会当陪衬，该为别人开心的时候就为别人开心，这样才能换来下次别人对自己的付出和关心。

拥有仪式感：认真对待生日和节日

认真对待孩子的生日，让孩子对日复一日的平淡生活有所憧憬，不也是一种仪式感吗？有一年过完圣诞节后，悠悠问我：“妈妈，圣诞老人什么时候再来呢？”

“明年冬天才会来哦。他需要1年的时间为全世界的小朋友准备礼物，工作量好大哦！”听我这么说，悠悠露出淡淡的失望。

我马上接话："你不用伤心啊，马上二月份就是嘉年华了，你可以和小朋友们一起乔装打扮，上街去游行，捡很多很多糖。"

悠悠的眼睛马上亮起来，又问："那嘉年华过完了下一个是什么节日？"

"嘉年华过完不久就是复活节了，复活节兔子会来给你们送彩蛋！到时候去奶奶院子里找兔子藏的彩蛋，有好多巧克力吃哦！"我充满期待地回答悠悠。

悠悠听得两眼放光，顿时觉得生活充满了盼头，她接着问："那复活节过完后还有什么？"

"复活节过完离夏天就不远了，夏天到了就是你的生日啦！"我微笑着告诉她。

"耶！耶！耶！"悠悠高兴得手舞足蹈，嘴里唱起了歌，早已经走出了圣诞节过完的忧伤。

让孩子对生活有所期盼，带着仪式感认真对待生日和节日，培养孩子认真生活的态度，是感知幸福的基础。

邀请了朋友，有人不来怎么办

有些妈妈曾跟我交流这样的问题：在国内邀请亲戚朋友来参加宝宝的生日聚会，结果大家都找理由说没时间来。最后，她问了闺密为什么不来，闺密说："因为参加生日聚会要包红包，压力太大，只好说'不去'算了。"这种情况在国内确实比较常见，我的一个亲戚也从来不邀请我们一起给她的孩子过生日，只是孩子爸爸妈妈、爷爷奶奶在家简单地吃蛋糕。亲戚明着说："不想让大家送红包破费，干脆就不请了。"

听到这里我感到很可惜，我们为什么要因为大人的社交顾虑而破坏孩子的生日体验？能不能将大人的社交与孩子的社交分开？德国孩子的生日邀请信都是以孩子的口吻写的，哪怕孩子只有1岁。

我想，这个方法也许可以用来解决送红包的困扰。如果我在国内，我会用孩子的口吻写一封邀请信，邀请对象尽量是小孩儿，而不是他的父母，从而弱化大人的角色。清晰指出这是办给孩子的生日聚会，目的是让小朋友聚在一起玩儿，明确表示拒收红包和贵重礼物。希望这么做能让收到邀请信的家长心理压力小一点儿。

德国人送给小朋友的生日礼物不算贵，价格一般不超过20欧元。送礼物之前也可以问问小朋友的家长或孩子本人喜欢什么，然后根据他们的需求来送；若得到的答案是比较贵的礼物，可以几个家长一起凑钱给孩子买，平摊下来每人十几欧元。这让送礼没什么负担，家长完全可以承受。这一点，国内的家长也可以借鉴。

第三课　你的孩子具备权利意识吗

“权利”与“权力”不分

在德国，有专门针对4岁以上儿童的自我防御课程，由专业老师教授孩子如何识别侵犯、反击别人的侵犯和自我保护。这些课程一般在幼儿园或者在小学入学时由学校组织孩子集体参加，德国教育工作者认为，这是每个孩子都必须学习的社会技能。

尤其是进入幼儿园和小学之后，孩子的活动范围不再限于家长和老师的视野之内，很多欺凌都是在家长和老师看不到的地方发生的。大人无法全天候充当孩子的保护伞，面对和解决冲突只能靠孩子自己，这也是成长过程中必经的痛苦之一。

然而，大家要知道，教孩子自我防御并不只是在教授单纯的技能，也不是教孩子“打回去，把玩具抢回来”那么简单，它关乎影响孩子一生的性格和权利意识的塑造。要让孩子学会敢于说“不”，保护自己，最重要的是从小培养权利意识。

权利意识是现代公民才具有的意识，很多孩子缺乏权利意识，原因在于他们的父母、祖父母本身也不具备权利意识。我时常见到人们混淆“权利”与“权力”，该用“权力”的地方用了“权利”，该用“权利”的地方又用了“权力”，将这两个词混为一谈。其实，这两个词的含义相差十万八千里。

知识链接

“权利”与“权力”不一样

“权力”的英文对应词是power，是指在力量不对等的情况下，握在强者手中而弱者没有的能力；“权利”的英文是rights，是一个人应该享有的待遇，弱者也有自己的权利。这两个词在汉语中发音完全相同，并且还被经常缩写为“你有权……”，这个有“权”到底是有“权利”，还是“权力”呢？有时候还真让人傻傻分不清，这样的汉语使用习惯，就更不容易让人明白二者的区别。

不忍不让，坚守自己的权利

曾经有位读者在阅读完我的文章后给我写了一段留言，让我感到非常心酸，也正因为这条留言，促使我特别想和大家分享关于权利意识的内容，提醒新生代的父母不要再犯老一辈人常犯的错误。

这位读者说：“作为成人，对先来后到原则、轮流原则，有时还是很难理解的，从小就是委曲求全，别人抢自己手上的东西，就给别人；心里不高兴，也没有办法。好窝囊的人生。其实，先来后到是容易做的，但是没有人告诉我们啊，只会告诉我们，‘你要忍，你要让’。这些原则，害了我一生。”

其实我自己也是这种“你要忍，你要让”思想的受害者。

> 和大家分享我在德国的一次经历。有一天，我带着悠悠在室外公共游戏场玩儿，刚把悠悠抱上秋千，就从远处跑来两个六七岁的小女孩，非常有礼貌地问我：“可不可以让我们也荡一荡秋千？”
>
> 我当时是发自内心地佩服孩子的问话，觉得她们能向陌生人提出这样的请求勇气可嘉。被孩子这么有礼貌的一问，我马上不好意思地回答：“可以的，悠悠再荡一会儿就让你们荡了。”在那两个女孩热烈期盼目光的注视下，我开始劝悠悠把秋千让出来，此时她才刚玩儿两分钟。最后，悠悠极不情愿地被我抱了下来，我还在试图开导她：“我们可以去玩儿滑滑梯啊！等下再来荡秋千。”
>
> 令我没想到的是，接下来发生了戏剧化的一幕。那两个小女孩中的另一个又去问了在我们旁边荡秋千孩子的爸爸同样的问题：“可不可以让我也荡一荡秋千？”结果那位爸爸说：“我们也是才来的，等我们荡完了你可以荡。”
>
> 我当时听到这位德国爸爸的回答，心里感到非常震撼。原来是可以拒绝别人的！是可以说“不”的！我为什么不敢？我为什么要觉得不好意思？我为什么要牺牲女儿的快乐去取悦别人？那位爸爸还是早于我们开始带着女儿荡秋千的，但他就理直气壮地认为：“这是公共设施，我女儿也刚开始荡秋千，而且玩儿得正开心，为什么一定要让给你？你可以有礼貌地提问，但是先来后

到的原则是要遵守的，不让给你也是我的权利！”最后，我看他们玩儿了将近10分钟才离开，而那个小女孩早就已经放弃等待而去玩儿别的设施了。

这位德国爸爸的回应让我感触很深，并让我开始反思自己的权利意识和教育方式。从前在沙坑里，有孩子抢悠悠的沙坑玩具（公共玩具），我总是不好意思对抢东西的孩子说“不”，而是教育悠悠：“你要和别人分享啊，要一起玩儿。”或者转移她的注意力：“要不我们换个玩具玩儿吧，你看那里不是还有一个铲子吗？”总是在教孩子照顾别人的感受，却忽略了另一方面——教孩子维护自己的权利！

如何教孩子维护自己的权利

父母可以参考下面几点，在生活中培养孩子的权利意识。

- **理解权利意识的基础是拥有自我意识和自信**

这两点需要从生活的方方面面、点点滴滴中进行培养，孩子若缺乏自我意识和自信，就很难做到维护自我权利。

- **明确彼此的权利，了解人与人之间的界限**

别人的玩具你未经允许不能随便碰，但是你自己的玩具，或者你正在玩儿的公共玩具，别人也不能未经你的允许就随便抢走；你不能打别人，别人也不能打你；等等，都要教给孩子。有一点很重要，就是在教孩子认识自己权利的同时，也要学会尊重别人的权利，学会接受别人权利范围内的拒绝。

一定要教导孩子，行使和维护自己的权利是有前提条件的，那就是不能践踏别人的权利。尊重自己，也要尊重别人。

● 向孩子示范如何维权

3岁之前的孩子，由于语言和认知能力有限，当权利被侵犯时，还不具备采取建设性的行动来解决冲突的能力。这期间，家长的示范行为尤为重要，家长要给予引导或者向他们展示可以怎么做。比如："这个玩具我的孩子正在玩儿，你不能就这样从她手里抢走。请把它还给我。等我的孩子玩儿完了，我们可以给你玩儿。"

以前悠悠想玩儿秋千，等了很长时间别人还不让，我总是鼓励她："你去问问他们能不能让给你玩儿啊。"这种做法在德国很常见。其实，我鼓励悠悠去问，只不过是在掩饰自己的胆小罢了。我自己不好意思问，才把女儿往前推。可是，无论我怎么说，悠悠都做不到。

经过"秋千事件"后，我痛定思痛，决定改变自己。我想，如果我自己都做不到替孩子维权，又怎么教授和说服孩子做到？她还那么小，只有我先做到，她才能从我身上学会。

所以，后来我会主动对霸占秋千的人说："悠悠已经等了很久了，你们玩儿了这么长时间，是不是应该轮到她玩儿了？我们要轮流啊。"虽然有先来后到原则，但也不能将公共玩具据为己有，一直不让别人玩儿。别忘了，除了先来后到，还有轮流原则。

● 用语言表明态度，大声说出想法和需求

当孩子的语言能力进步到可以表达自己的想法时，就应该多鼓励孩子使用语言来维权。当孩子被打、被欺负时，德国是不提倡家长教孩子打回去的。原因很简单："打回去"这一招会阻碍孩子的情商和社会能力的发展。

试想一下，如果孩子发现打回去很有效，每次打回去，别的小朋友就

不敢打他、抢他的玩具了，那这个孩子还有什么动力去想别的办法来解决矛盾和冲突呢？难道长大了也要靠暴力来解决问题吗？

拳脚相向肯定不是成熟的成年人解决矛盾和冲突的最佳方式，沟通才是。通过沟通化解矛盾和冲突是高情商和社会能力强的体现。因此，家长平时在家里就要以身示范，多鼓励孩子用语言表达自己的感受和想法，允许和尊重孩子说“不”的权利。

被打了，要大声对打人者说：“停！你不能打人！打人是不对的。我不允许你打我！”玩具被抢了，要大声对抢玩具者说：“不！这是我的玩具，你不能抢！请立刻把玩具还给我！”同时配合使用“停”的手势，表示要启动自我防御了。

在被侵犯的第一时间，坚定而明确地用语言和手势表明自己的态度和立场，让欺负人者感到“哎，这人不好惹啊，我还是换个人下手好了”，可以使孩子免于再次受到侵犯。

这种面对侵犯大声反击的能力并不是每个孩子都具有的，这需要很多的练习。在德国的自我防御课程中，就专门有这样一个模拟环节——让孩子对侵犯者大声说“不”，大声拒绝，把自己的感受和立场喊出来。

很多孩子一开始都喊不出来，是由天生害羞、缺乏勇气等各种原因导致的，只有经过不断的练习和鼓励才能慢慢做到。我们在家也可以和孩子模拟被欺负的场景，练得多了，才能在真正发生冲突的时候立即派上用场。

- **勇于向他人求助**

如果在做了以上几步后仍不能解决问题，就应该鼓励孩子去向老师、家长或朋友求助。向别人求助也是一个好的方法，并不丢脸。

悠悠妈妈说

培养孩子的同理心，考虑别人的感受是育儿中非常重要的部分，但这必须以不牺牲孩子自己的权利为前提，我们不能对别人一味迁就、委曲求全。

不伤害他人，尽量维护自己的权利，是我们教育孩子的目标——这其实是最符合人性的，人有善良的一面，也有自私的一面，不论善良还是自私，都应该有个度。

正如德国法律规定的那样，对路人见死不救是非法的，要受到处罚。但有个大前提，救人者要先保证自己的人身安全，而不是鼓励人们冒着生命危险去见义勇为。

第四课　如何让孩子学会自己解决冲突

调解员，还是法官

“妈妈，Gulie抢了我的娃娃”“我没抢，是你先抢的我的”“妈妈，我想玩儿车子，Gulie不给我”……类似的话相信父母都不陌生。每次孩子们一起玩儿的时候，总喜欢抢东西，为同一个玩具抢得热火朝天，最后谁也玩儿不成，不停地跑来找大人讨公道。

后来我们经常约着一起玩儿的几个家长发现，大人越在一旁干预劝说，孩子们抢得越来劲儿，一个个戏精简直就是抢给我们看的。于是我们改变策略，让孩子们关上房门在儿童房玩儿，我们几个家长坐在客厅聊天、喝咖啡，不再把关注点放在孩子身上，结果他们反而能和平相处，愉快地玩耍了。

孩子之间发生矛盾向大人告状，大人急忙充当“法官”角色向孩子问责和做出仲裁，并不是合适的反应。这样的做法往往会低估孩子的共情诉求，且阻碍孩子学习如何自己解决同伴间的冲突。

更好的方式是，引导孩子自己解决冲突。在解决冲突的过程中，孩子不得不学会聆听别人的想法，表达自己的诉求，在协商中找出解决问题的办法——这才是人类的和平共处之道。

当孩子发生争吵时，我们要尽量避免批评和评判谁对谁错，也不要说“不要再争抢了！”或“谁先停下来谁更聪明！”之类的话。毋庸置疑，所有的孩子都希望自己的解释被听到、被理解，我们不去做评判，孩子就无须在我们面前撒谎辩护或告状。允许每一方说出他们眼里的看法，会增加孩子对我们的信任。

面对孩子之间的冲突，请尝试四步解决法：

1.保持淡定，不急于做评判。

2.客观表达你所看到的情况。

3.重复双方孩子的说辞并作出总结。

4.询问孩子解决方案。

举个悠悠和她的好朋友Gulie之间的例子。有一次，两个小伙伴一起玩儿乐高，Gulie想要悠悠手上正在玩儿的一块红色积木，可是悠悠不给。于是Gulie试着和悠悠谈判：“你可以拿一块蓝色的玩儿嘛，蓝色的更好看。”

悠悠不让步，但Gulie并没有放弃，劝道：“你不给我的话，我就不和你做朋友了！”

悠悠仍然无动于衷。最后，Gulie站起来夺走了悠悠手中的红色积木，悠悠也不甘示弱地打了Gulie的头。冲突升级了，现在该怎么解决?

见此情形，我走过去对两个孩子说：“请你们先把手上的玩具放一放，坐到我旁边来，我想听你们说一说发生了什么事情。”和孩子说话时我选择平视，所以我坐在了地上，这是在向她们发出信号：我们可以通过沟通来解决冲突。

我先对悠悠讲：“我看见你打Gulie的头了。”我只描述看到的事实，语气平和，不评判对错。

悠悠解释道：“因为Gulie抢走了我的积木，我不喜欢她这样！”

我接着对Gulie讲：“Gulie，悠悠说你把她手上的积木抢走了，她不喜欢你这么做。”我仍然不评判对错，不问责，只是重复刚才悠悠的话。

Gulie赶忙回答我：“是的，因为她打我了！”

“是你先打我的！”悠悠马上反驳。

“不，是你先动手的。”Gulie继续为自己辩护。

“不是，是你！”悠悠大声且坚定地回应。

两个孩子推过来、推过去，吵得不可开交。最后我发话了，总结了两个孩子的言论，并试图找到一个解决办法：“Gulie，悠悠说你打了她，她不喜欢这样。悠悠，Gulie说你也打了她，她也很生气。你们俩有什么好办法吗？怎么样才能继续一起玩儿下去？”大人这样的引导很重要，因为孩子自己还没有足够的经验找出解决办法，她们需要先学习。但最终如何解决冲突，决定权在孩子手里。

悠悠提议说：“Gulie应该去乐高盒子里找一块她想要的积木。”

于是我扭过头对另一个小家伙讲：“Gulie，悠悠有一个办法，她建议你去乐高盒子里找一块你想要的积木。可以吗？”这里我是在询问Gulie的想法，而不是替她做决定——这是最核心的区别。认真对待孩子，意味着主动询问他们的意见，而不是越过他们直接做决定。

Gulie欣然接受了提议，回答“好吧”。虽然我没有指出谁对谁错，但其实孩子们自己心里清楚，动手抢玩具是不对的，在被大人充分接受的情况下，他们愿意主动解决问题。

接着我继续询问悠悠：“Gulie愿意去乐高盒子里找一块积木了，你们可以一起继续玩儿了吗？”

“好的！”悠悠肯定地回答我。

耐心一点儿，给孩子自己解决冲突的机会和时间

以上例子中，孩子自己解决了冲突，两个人又玩儿到了一起。我没有给出任何解决方案，只是这种解决方式需要时间和耐心，比大人直接粗暴地替孩子决定需要的时间多得多。但是，孩子解决冲突的能力值得我们花时间去培养。

如果Gulie没有接纳悠悠的提议怎么办？我会问一问：“那你觉得还有哪些办法？”如果Gulie的回答是“我要悠悠手上那块积木”，我会接着问她：“你觉得这个方法的后果会是什么呢？你会如愿吗？”让孩子自己去检视后果，你会发现，其实大部分孩子都明白后果，稍微一思考，便会自己打消无理要求的念头。

最后再问一问孩子：“你决定怎么做？”一旦孩子知道了后果，通常会做出合理和明智的选择。即使选错了，家长也要允许孩子试错，在错误中吸取珍贵的教训，这是帮助孩子迅速成长的最快方法。

若孩子还不能很好地理解后果，可以和他讨论一下，让他明白现实，或者干脆让他去碰壁，尝试一下后果。等冲突结束后再问：“结果怎样？

是否如你所料？下次碰见类似的情形，你会怎么选择？” 通过提问，给孩子机会审视自己的判断。

悠悠妈妈说

回到开头的描述，孩子之所以在没有大人关注的情况下，反而更少发生争执和冲突，是因为没有了来自“法官”的评判和批评，孩子无法从告状中获得好处和关注，这样才能更有动力去和玩伴“和平”相处。

如果不能从争执中得到任何好处，而是两败俱伤，孩子有什么动力不去自己想办法避免和化解冲突呢？毕竟，被朋友接纳，和朋友一起愉快玩耍是每个孩子内心的真正渴望。

第五课 混龄幼儿园，释放天性，提升综合素质

失控的生日聚会和游戏

在德国，孩子每年的生日聚会是非常重要的社交活动，家长们一点儿也不敢怠慢。悠悠小时候，我和孩子爸爸只是邀请孩子和父母们来家里玩儿，吃完蛋糕后大人们喝咖啡、聊天，孩子们在院子里自由玩耍。

但对于悠悠的4岁生日聚会，我已经不好意思再走这个套路了，因为在悠悠3岁期间，我们参加了3个同龄孩子的生日聚会，每家的活动都办得很有特点。L一家租了一个室内游乐场；S一家在农场办了派对，还有由专业人员带来的自然教育体验。不过，悠悠最喜欢的是K一家设计的富有挑战性的寻宝游戏，每个孩子都过了一把当寻宝猎人的瘾。

悠悠喜欢攀岩，我们本来想租一个室内攀岩场地，可十来个孩子一起攀岩，我们担心因为照顾不周而发生危险。我和孩子爸为这事儿挠头好几天，孩子年龄太小，选项实在有限，最后我们决定在家附近的游乐场里办。

那是一大片空旷的草地，零星分布着滑梯、秋千、攀爬设施、沙坑、小木屋、小山坡等游乐设施，很适合孩子们玩耍。

为了将生日聚会和平时的“自由疯玩”区分开，我和悠悠爸挖空了心思，希望设计所有人都能参与的集体游戏。但选择合适的游戏并不容易，既要照顾不同年龄段孩子的特点，又要兼顾趣味性。

我们特意避开了竞争性游戏，因为3～5岁孩子对输赢看得特别重，一旦游戏规则是争输赢，一定会哭声不断。对输了的孩子来说，趣味程度也会大大降低，还有一些孩子会因为怕输而压根儿不想参与游戏。

我们选的第一个游戏是“蒙眼敲锅”，这是一个经典德国游戏。孩子们组成一圈将其中一个游戏者围在中间，蒙上眼睛，锅放在圆圈内，被蒙上眼睛的游戏者要用手上的木勺子敲地面，直到找到锅的位置，锅下面藏有送给这个游戏者的奖品，那是一袋孩子们都非常喜欢吃的果泥。

如果游戏者走的方向不对，围成圈的孩子就喊“冷”，提示游戏者要改变移动方向；如果游戏者行动方向是正确的，大家就喊“热”，让游戏者知道，胜利就在不远处。孩子之间没有竞争关系，大家反而会互帮互助，这是一个非常适合聚会时玩儿的游戏。

生日派对当天，12个小朋友下午3点左右便陆续到达，年龄从1岁到6岁。这帮“小土匪”一来就把悠悠礼物的包装拆了，毫无仪式感。接着孩子们很快跑开，你追我赶，连蛋糕都顾不上吃。

我和悠悠爸将家长们安顿好之后，就准备带孩子们进入游戏时间了，旁边的德国父母吃蛋糕、喝咖啡，充满好奇地等待我们准备的游戏。可此时孩子们分散在远处不同的游乐设施上，我心里琢磨着要怎么才能把他们召回来呢？我让悠悠和两个6岁孩子去召唤其他孩子，可游戏场地很大，把所有孩子集中起来不是一件易事。仅这一轮召集大家集合就花了至少10分钟时间。

接着，我向孩子们讲解了游戏规则，小家伙们都很兴奋。悠悠第一个被蒙上眼，围圈的孩子都很热心地帮助她，有的孩子看她走错了方向，忍不住上前去牵她的手，有的孩子用手拍锅，试图通过声音来提示悠悠，我不得不反复提醒孩子：“你们不能直接牵手，也不能敲打锅，只能说‘冷’或‘热’来提示哦。”

一番探索后悠悠找到了锅，孩子们看到悠悠拿到奖品后都非常激动，争先恐后地凑到我跟前说：“我、我、我，这一轮能让我玩了吗？”不过好景不长，玩儿着玩儿着参与的人越来越少，那些已经拿到奖品的孩子玩儿了一两轮后就跑掉了。最后只剩下两个娃娃，一个蒙眼找，另一个在他身边陪玩儿，场面颇为凄惨。这个游戏就这样在我毫无准备的情况下提前结束了。

生日派对又回到大人喝咖啡、聊天，孩子们疯玩儿的老套路中。看这情形，准备的第二个游戏恐怕要被“搁浅”了。

转机发生在一个孩子看到了长凳上的道具，他问我这个长相奇怪的东西是什么。

“这是一棵树，用来做游戏的。”我神秘地告诉他。

“什么游戏？怎么玩儿？”孩子激动地追问。

“要大家一起玩儿哦，这个游戏叫‘树要倒了’，当树倒下的时候你们要抱住它，不让它倒下。”我回答他。

孩子一听兴奋极了，要我示范给他看。我对他讲：“那你去把其他孩子都叫过来吧，大家一起玩儿更有趣。”

于是又开始了第二轮艰难无比的“召唤神兽”行动，进展同样缓慢。为了吸引孩子们过来，我把这棵“道具树”拿在手里夸张地晃来晃去。几个大孩子在草地上积极地游走，试图说服正在玩儿其他游戏的孩子们过来，最后总算招来了大部分人。

看着每个孩子眼中闪烁着好奇的光，我开始解释游戏规则：“我手里拿的是一棵树，你们要在鼓声中围着我转，当我说‘树要倒下了’，放开树的时候，你们要反应非常快地上前扶住树，不让它倒在地上，好吗？树掉在地上就算输了哦。”

孩子们个个跃跃欲试，开始跑起来。一开始几轮他们玩儿得很愉快，拿到树后还会继续跑，可是悠悠拿到树后就不愿意放手了，其他孩子受到了启发也上去抢树，结果游戏进化成了一场“拔河”大赛。

不想加入拔河比赛的孩子觉得无趣而跑开了；抢输了的孩子生起气来，叉着腰、跺着脚，嘴里嘟囔着“我不跟你玩儿了”而愤愤地走开；大人忙着劝说剩下几个还在争抢的孩子，游戏就这样中断了。

我再没有精力去组织一场集体游戏了，简直太丧气了。不过，孩子们很快又形成了新的小团体，在草地上继续他们的游戏，心情似乎并未受到影响。

混龄幼儿园——模仿、学习、社交的最佳场所

有人问我，德国幼儿园里有什么课程，有没有集体活动？答案是非常少。每天唯一一个所有人都必须参加的活动是晨圈，孩子们在早餐后围坐在一起，在老师的带领下唱歌、聊天，持续15分钟左右。

其余活动都不强制参加，孩子们自由选择，也没有课程表。常见的景象是，几个孩子和一位老师坐在阅读角听故事，另外几个孩子坐在桌前画画、做手工，还有的在娃娃角玩儿过家家，走廊上几个娃跑到别的班上去串门。

悠悠的外婆和我一起去幼儿园接悠悠，看着孩子们在院子里自由嬉戏，在卫生间的镜子前把脸画得五颜六色，在走道里敲锣打鼓，不禁感叹：“德国老师真是轻松啊，就是在旁边坐着，什么都不教，这比中国老师轻松多啦！”

混龄幼儿园充满了自由

对德国幼儿园的这份自由，以前我只是觉得是对孩子自主探索的一种尊重，我深知自由玩耍对儿童自主性和创新能力发展的重要性。不过，经历了悠悠这次生日聚会上我安排的“集体活动”后，我对德国幼儿园的“自由”有了更深的感悟。

- **看上去的自由，其实是解放天性**

如果老师每天给孩子安排课程表，到了规定时间就做特定的活动，要求所有孩子必须中断当下的游戏，参与到统一的集体活动中来，老师无疑不得不将大量时间和精力花在统一活动前的“集合”和说服孩子参加的准备工作上。

可孩子们都是随性的，这个“集合”和“统一”的过程会消耗老师大量的耐心和体力。人的耐心是有限的，如果每天经历几次，任何人都很难做到一直保持和颜悦色，最终还会累得筋疲力尽，导致心情无比沮丧。

但是这一切并不是孩子的错，他们本来就有强烈的自主性。几个孩子凑在一起，不需要大人告诉他们怎么玩儿，他们就会自己创造出各种游戏，玩儿得投入又津津有味。每个孩子的兴趣点都不一样，何必一定要求所有人都在固定的时间段参加统一活动呢？

德国幼儿园的做法其实是解放了孩子，也解放了老师。让老师从“统一管理孩子”的工作中解脱出来，让老师可以将宝贵的精力和耐心用在观察孩子上，给予孩子所需的情感支持。

因此，悠悠幼儿园的师生比很低，22个孩子只有3位老师。因为孩子们活动自由，可以自己决定玩儿什么，孩子们需要老师的时间反而比较少，自主性极高。只有需要找老师帮忙、主持正义，或者提醒孩子遵守规则的时候，老师才会插手。

- **孩子的自主性是天生的，家长的任务就是将其激发出来**

我从来不给悠悠做活动计划表，都是根据她当天的兴趣来决定。兴趣是最好的老师，顺水推舟比强制高效、省力得多，也让亲子关系更为亲密和谐。

有人说，这么自由，孩子将来怎么适应小学？事实上，在我组织的那两个集体游戏中，5岁以上的孩子参与度和积极性是最高的，他们能理解和遵守游戏规则，从游戏中获得最大的乐趣；而那些不能理解和遵守游戏规则的小宝宝，从游戏中获得的乐趣最少，也是最先离开的。

每个阶段儿童有每个阶段的发展特点，最好的教育是符合孩子的年龄特点，因材施教，对3岁的孩子就不要提6岁的要求。只要前面做的是对的，有些问题到了年龄就会迎刃而解；如果前面做的都是错的，逆规律而行，难道还指望后面会越变越好吗？

就像有句话说的那样，你永远不能把一件错事做得很正确。

经常有人问我如何培养孩子的自主性，我的回答是：孩子天生就有自主性，比起培养孩子的自主性，我们大人更应该学习的是如何不去破坏和打压孩子的自主性。

混龄幼儿园给孩子提供较好的模仿机会

“如何让孩子学写字？”“什么时候开始学？”“太早学写字是不是对孩子不好？”这些问题经常有读者问我，还有不少家长问我：“混龄幼儿园到底好不好？”“孩子喜欢和哥哥姐姐玩儿，是不是送到混龄幼儿园更好呢？”

其实，德国所有幼儿园都是混龄幼儿园，可以说，在德国，混龄对孩子发展的好处人们早就已经达成共识了。甚至连不少小学都有混龄的，一至三年级的孩子根据自己的水平混在一起上课。课后，年长的孩子指导年幼的孩子写作业，充分发挥孩子互帮互助的主观能动性，在帮助别人的过程中培养责任感和自信。

自从悠悠3岁升到大班（3～6岁）后，我天天被她从幼儿园带回来的新技能“吓到”，心里琢磨着“混龄幼儿园也太好了吧”！感觉很多事不用我教，她自己就会了。就像家里的二宝一样，整天跟着大宝有样学样，各种技能掌握神速，完全不用父母操心。

悠悠3岁时我带她回国待了两个月。当时悠悠还不会握笔，虽然她喜欢拿笔画画，但握笔姿势就好像握着一根棍子一样。我尝试过教她正确的握笔姿势，但娃特别不屑地看了我一眼，继续我行我素。

我不想因为纠正握笔姿势而破坏了她画画的兴趣，就没有坚持下去，心想等娃大一点儿再教她怎么握笔也不迟。回到德国后不久她进入了大班，其中3、4、5岁的孩子各占1/3，悠悠属于班上年龄最小的娃之一。不到1星期时间，我惊讶地发现她握笔的姿势突然变得很标准了。

“咦，悠悠，谁教你握笔了？你怎么突然会握笔了？是老师教的吗？”我好奇地问她。

小妞脸上露出一副得意的表情，一边继续埋头作画，一边淡淡地说了一句：“没人教我，我自己学的。”

“跟谁学的？”我又追问。但是娃不再理会，3岁的悠悠已经会故作神秘了。

“自学的？”我心里有点不相信，第二天就去幼儿园问了老师。老师说，的确不是她们教的，幼儿园不教这些硬性内容，但是班上很多大孩子都会握笔，甚至会写字了。

小孩子跟大孩子每天坐在一起画画、做手工，很容易模仿大孩子，自己学会握笔很正常。就这样，在没有我任何干预和教导的情况下，悠悠自己掌握了正确的握笔姿势。

接下来一段时间，经常听悠悠自言自语地说道："我要给Gulie写一张卡片。""我要写一本书。""我要给爸爸写一封信。"然后她真的有模有样地写起字来。

"写字？"我心想，"孩子以前不都是说要画画吗？什么时候开始要写字了？我没有教过她写字啊！"大概是在幼儿园看到大孩子们在写字，也激起了她写字的欲望。

我问悠悠在哪里学的，她永远说一句话："我在幼儿园自学的！"

我看了她从幼儿园带回来的大量"画作"，发现里面有一些写着别人名字的画，那是大孩子画了送给悠悠的，有些孩子确实会写字了。悠悠拿着画，一幅一幅地告诉我："这是Mia送的，那是Minas送的。"我一看画上写的名字，还真能对号入座。这时眼前出现一张纸，上面只有名字没有画，悠悠指着说："这是Kylia。"

"悠悠，你会认字了吗？还是你记得住这些画是谁画的？"我好奇又惊诧地问。

"我会认字。"悠悠又一脸傲娇。

我自己都不敢相信了，我可从来没有教过她认字母。我赶紧拿出纸笔，写了刚才出现在画上的几个名字要她认，她果真都认出来了。我原本打算四五岁以后再开始教的字母学习，没想到娃竟抢在我前面学了。更神奇的是，这些内容也不是老师教的，孩子就是在彼此的互动中自学成才的。

混龄幼儿园让孩子变得更自觉、更主动

一个周末的早晨，悠悠拿出一张纸对我说："妈妈，我的名字怎么写？你写下来，我要学着写。"要知道，我从来没有教过她写字，我连这方面的想法都没有，我一直觉得那是5岁以后的事。3岁多的悠悠自己主动

提出想学写自己的名字，我不禁感叹，幼儿园大孩子的行为对悠悠的影响太大了。

班上的5岁孩子都是即将进入小学的“聪明狐狸”，这是孩子们给自己起的名字。在3岁的悠悠眼里，“聪明狐狸”们一个个都酷毙了，他们马上就要成为小学生，他们和老师一起去参观银行、警察局、消防站、医院、市政厅，等等，他们会写字、会认字。总之，他们能做很多3岁孩子不会做的事。

悠悠想要模仿班上的“聪明狐狸”，如果她也能学会“聪明狐狸”们掌握的技能，那意味着她也和他们一样酷了！于是，那段时间悠悠的口头禅是：“等我5岁了，我就可以和‘聪明狐狸’一样厉害了。”

那段时间她还总是假装自己要掉牙齿了，说有牙齿松动了，表演出痛苦又骄傲的表情——那是因为班里的“聪明狐狸”们都在掉牙齿。掉牙齿是幼儿园里大孩子正在经历的事，3岁的悠悠为了标榜自己“已经长大”，也幻想自己在掉牙齿——对此她不但不害怕，反而很向往。

悠悠4岁多时，我又发现她会认数字了。我给她讲故事时，她指着画面上的数字说：“妈妈，这是4、这是6、那是3。”我再一次被娃惊到了，原来教育娃这么简单？扔到混龄幼儿园，她自己就学会新知识和技能了！渴望长大的内在原动力，驱使悠悠不断跟随大孩子的脚步，向大孩子看齐。

在我没有察觉的情况下，她自己就不声不响地掌握了新技能，这可比逼着孩子学要容易多了。真的应验了我一直提倡的，大人只要提供了合适的环境和材料，孩子自己就会主动吸收，而合适的环境中也包括与孩子朝夕相处的其他孩子，孩子彼此之间的学习和模仿是成长过程中最重要的学习来源。

混龄锻炼了大孩子的领导力和同理心

上面写的都是小孩子从大孩子身上学到的技能。我知道很多家长会担心，在混龄环境中，小孩子会不会拖了大孩子的后腿？其实不然。大孩子在混龄环境中有很多天然的机会锻炼领导力和照顾弱者，这对发展孩子的社交能力、情商和同理心都非常有帮助。

其实，混龄班级就像一个小社会，低年级的“弱者”和高年级的“强者”要学会与彼此相处。在力量不均的人际交往中，如何利用自己的优势和特点找到适合自己的位置，是每个人的必修课，越早开始越好。混龄班级恰好提供了这样一个模拟真实社会的环境。

相比之下，只和同龄人相处才是被人为过滤了的过度保护，无形中使孩子失去了锻炼社会能力的机会 。

第六课　如何选择朋友

不喜欢孩子的朋友，家长要干预吗

悠悠和小G（指前文提到的Gulie）从1岁半上幼儿园起就是彼此最好的朋友，两人在幼儿园形影不离。小时候还看不出问题，但随着年龄的增长，小G变得越来越爱控制别人，她的口头禅是："你不把这个玩具让给我，我就不跟你玩儿了。""你不听我的，我就不跟你做朋友了。"等等。

通过跟小G爸爸妈妈聊天得知，这些都是受到其父母的影响。小G在家不听话，她的爸爸妈妈就习惯这么威胁她。这种威胁孩子的方式叫"爱的收回"，很多父母不经意间都会犯这种错误，尤其是控制型父母。这种爱叫"有条件的爱"：你听我的，我才爱你；你不听我的，我就不爱你。这样养出来的孩子容易患得患失，缺乏安全感。

小G就是这样一个孩子，喜欢对别人发号施令，争强好胜。当她的好朋友和她抢玩具，或者不按照她的想法做时，她不懂得通过社交技巧来和朋友协商解决矛盾，只会用威胁别人的方法来达到自己的目的。

这样的孩子看起来似乎很强势自信，但如果了解一点儿童心理学，就不难发现，很多这样的孩子不过是用打肿脸充胖子的方式来掩饰内心的不安，就好像一个鼓足了气的气球，看起来很大，却一戳即破。

俩孩子一起玩儿时，小G总想当那个做主的人，悠悠的提议经常被小G否决，并且小G永远要当第一个。悠悠性格随和，心也比较大，面对小G的威胁，她总是选择委曲求全，因为她不想失去小G这个朋友。有次回家后，悠悠高兴地说起小G：“妈妈，小G今天真好，她一整天都是我的朋友！”听得我哭笑不得。

对于悠悠这个“强势”的好朋友，我是有些抵触的。对孩子选择这样一个朋友，也是百思不得其解，只能试着旁敲侧击来了解孩子的想法。看到这里，相信有些家长也遇到过类似的问题：“我不喜欢孩子交的朋友，要干预吗？”这个问题，我在实践中观察和思考了很久，也有了一些突破，想和大家分享一下我的经验。

对症下药，专治各种“不服”

开始时，我尝试引导悠悠去发掘一些新朋友，告诉她：“幼儿园还有很多小朋友啊，小R、小T、小L都比小G好相处，他们也喜欢和你玩儿，你为什么偏偏最喜欢和小G玩儿呢？”

“因为我喜欢她呀！”悠悠不假思索地回答我。

于是我发现，直接告诉孩子不要和某个孩子玩儿是没用的，现在我也不提倡这么做。

悠悠自己选择的朋友肯定有她的理由，我眼里看到的是小G的缺点，是她对我女儿的“欺压”，而悠悠看到更多的是小G的优点，并且愿意为了朋友的优点去包容她的缺点。

如何交朋友和挑选朋友是社交能力的一个重要部分，是成长过程中必须学习的一门“社会课”。然而，这种能力的习得只能通过孩子自己在实践中去不断摸索和试错，不断总结经验教训，才会变得越来越会“看人”，这同时也是一个学习做人的过程。然而，光听家长纸上谈兵是没用的，道理如果不是自己在实践中总结的，别人说再多也不会当回事。

我决定放手让悠悠去实践和摸索，不过多干预她的决定。

我并不直接告诉悠悠“不要和小G玩儿”，也不会在她面前直白地说小G的缺点——这相当于在直接告诉孩子答案。相比之下，我选择教她如何应对令她不悦的冲突，并且在日常对话中潜移默化地让她明白，真正的好朋友是如何相处的。

如何应对人际冲突，也是对社交能力和情商的培养。让孩子明白“真正的好朋友”的样子，是在设立标准和价值观。这是在传授给孩子解题的思路，这比直接告诉答案重要百倍。

有一次，悠悠说想去玩儿蹦蹦床，小G却马上提议去荡秋千，等看到悠悠跟过来爬上秋千了，小G马上又说她要去玩儿蹦蹦床。其实我看出小G一开始就和悠悠一样是想玩儿蹦蹦床的，但她觉得这个提议必须由她提出来才行。类似的事情每天都会发生很多次，单纯的悠悠也被小G耍得团团转。

回到家，我和悠悠聊天：“我看到你本来想玩儿蹦蹦床的，为什么小G一说她想荡秋千，你也跑去跟着荡秋千了呢？你明明就想玩儿蹦蹦床啊。”

“可是我想和小G一起玩儿啊。”看来悠悠真的很在乎小G

这个朋友。

“宝贝，你知道吗？其实你不用每次都跟随小G的提议，小G也很想和你玩儿，就像你想和她玩儿一样，你也是她最好的朋友啊。对于你喜欢做的事情，你应该坚持自己的想法，如果你坚持了，小G也会跟随你的。”然后我和悠悠在家玩儿了模拟游戏，这是我经常用的教育方法。对于孩子不知道如何应对或没有足够勇气去应对的场景，我都会在家和她模拟场景，反复练习。

不久后，两个孩子在游乐场玩儿，小G又一直拉着悠悠荡秋千、滑滑梯。而我知道悠悠最喜欢玩儿的攀爬是小G最讨厌玩儿的，于是我小声提醒她：“快到时间了，如果你想玩儿攀爬的话，就赶紧去哦。不然我们马上要回家了。”

这时小G又对悠悠“发号施令”，去玩儿跷跷板，我听到悠悠牵着小G的手商量着说：“我现在跟你去玩儿跷跷板，但你等下也跟我一起去攀爬，OK？”小G嘴上答应了悠悠的建议。

我在心里为悠悠的进步暗喜。玩儿完跷跷板，当悠悠提议去攀爬时，小G却反悔了，她一定要做那个做主的人，所以她又招呼悠悠去滑滑梯。这次悠悠没有听小G的话，小G大声呼唤了好几声未果后，也跑过来攀爬。她一来就插在正在排队的悠悠前面，因为她总想做第一个，这已经不是第一次了。

可是小G的攀爬能力不强，自己爬不上去，这时悠悠不但不计较朋友的插队，反而友善地帮助小G，她告诉小G手和脚应该放在哪里，还托住小G的屁股往上顶，帮她爬上去。

说实话，我挺为女儿的善良感动的。我不知道她是真的心大不计较，还是害怕拒绝别人。回家后，我和她聊了起来：“你看到没，今天你坚持玩儿你想玩儿的攀爬，没有跟随小G，后来小G不也跑过来和你一起玩儿了吗？”

“耶！耶！是的！”悠悠露出天真的笑，似乎我没说出来她就没有意识到这一点。

“以后你也要继续这样哦，你不需要什么事都听小G的，你可以为自己做主。你们可以轮流提议玩儿什么，有时玩儿她想玩儿的，有时玩儿你想玩儿的。你不用担心小G不和你玩儿，其实她也很怕失去你这个朋友。你坚持自己的想法，她也会听你的。”当下指出孩子的正面行为，给予肯定和鼓励，可以使这种行为得到正面强化。反馈一定要及时才会有效果。

模拟练习，掌握应对技巧

作为一个妈妈，我当然看不惯悠悠总被插队还不抱怨，我好奇地问她：“我看到每次排队时小G都要站在你前面，即使她是后来的。你为什么总让她插队在你前面呢？”

“因为她喜欢在我前面。我不让的话，她就会生气。”悠悠解释道。

“那她插你的队，你不生气吗？”我试图理解孩子的心理活动。

“我生气呀！可是小G一生气就不跟我玩儿了，我想跟她玩儿啊。”原来悠悠还是被小G的威胁给控制了。

又到了我给娃支招打气的时候：“她不跟你玩儿，你可以跟别人玩儿啊，你又不止她一个朋友，你可以去找小L、小T和小R啊，他们都很喜欢跟你玩儿。你不要怕小G不跟你玩儿，她还怕你不跟她玩儿呢。”

我接着说：“朋友之间应该互相满足，有时你迁就她，有时她迁就你。如果总是你让着她，总是玩儿她想玩儿的，而她从来不按照你想的做，那不是真正的朋友。真正的朋友应该互相关心和认可。”我浅显地和悠悠聊了一下友情，希望能让她对朋友的意义有所思考。

关于被插队一事，我不会放任不管，做父母的有必要加强孩子这方面的权利意识，并给予他们反抗的力量。我继续对悠悠说：“如果别人插你的队，你应该勇敢拒绝，让他到后面排队去，这是规则，每个人都应该遵守。小G也一样，你没有必要总是无条件让着她。来，我们演示一遍。”

我和悠悠玩儿起了假装排队的游戏，我扮演成插队的小G，问悠悠：“遇到这种情况，你应该怎么说呢？”

悠悠看着我，有点害羞地笑着说：“你不能插队，你要在后面排队。”

“对了，就是这样！以后不管是小G，还是其他小朋友插你的队，你都应该这样拒绝。这是你的权利，你不要怕，知道吗？”对于一个比较害羞的孩子，我必须经常给她鼓励和打气。以前我可以帮孩子拒绝别人，但当时悠悠已经4岁了，也需要学着自己为自己站出来说话了。

悠悠觉得这个游戏很好玩儿，反复跟我练了几遍。平时她没有拒绝小G的勇气，但在游戏中，她可以放心地拒绝小G，并有机会在拒绝中感受自己的力量。

让我欣慰的是，在这周的运动课上，就在快要轮到悠悠走平衡木的那一刻，一个小男孩突然冲到悠悠前面。我以为她又会像以前一样不抵抗地让给别人，或者光哭却不行动，没想到，这一次她大声地拒绝了男孩，说了一句“你插队了”！同时又迅速地走到小男孩前面的位置，成功维护了自己的权利。

看到我的引导总算有了点效果，我赶紧上前肯定悠悠的进步：“你刚才做得很棒啊，你勇敢地拒绝了插队的小男孩，而且不光嘴上说说，行动还很迅速。妈妈都佩服你了！以后也要这样哦！”

接触各种性格的孩子，好处多多

看了我前面的描述，有读者可能会担心，跟小G这样强势的孩子交朋友是否会对悠悠产生负面影响。这点我倒不担心，对孩子心理健康和价值观影响最大的是父母。只要来自家庭的情感支持和价值观引导到位了，大可不必担心孩子被带坏，或造成什么心理伤害。

其实，悠悠随和的性格给她带来了许多好处，她在幼儿园人缘很好，小朋友经常邀请她去家里玩儿和参加生日聚会。小G并不是她唯一的朋友。

虽然在小G面前，悠悠显得很没主见，但在别的比她小的孩子面前，她又常常表现得很有主见。这跟有没有主见关系不大，而是一场力量的拔河游戏。通常，年龄更大的孩子气场更强，主见不是通过威胁和命令别人来培养的。

趁着孩子还小，要让他多接触不同的人，尝试与各种类型的人做朋友，学习如何与不同的人相处，并认识到这个世界上并不是所有人都是友善的。孩子会在摸索中慢慢找到适合自己的朋友，体味和领悟友谊的意义。

这个过程必定有磕碰，会走一些弯路。引导是父母的职责，但只要不涉及人身安全、法律等严重问题，并且孩子对自己挑选的朋友很满意，我们就不能擅自阻挠孩子的决定。

人生的路是要孩子自己走的，弯路也并不都是白走的。很多时候，经历过弯路，才能确信哪一条是正道。否则，心永远在弯路上。

第七课　德国学校如何处理欺凌事件

学校社工——德国学生的“心理医生”

悠悠的奶奶曾经是中学的社工，在应对校园欺凌方面有非常多的经验。德国每所学校都配有社工，主要工作职责是帮助解决欺凌、家暴、厌学、抑郁等学生及其家庭成员中出现的问题行为和心理疾病。

德国学校之所以配有社工，正是因为他们对学生和其父母的心理健康非常重视。

德国学校不仅教授孩子文化知识，也教授大量关于做人、关于融入社会所需的社交、情商和品德方面的知识。一个学生出现问题行为，并不是惩罚一下或请家长就能解决的。

问题行为的根源有时在心理方面，孩子的问题需要懂心理学的人提供必要的心理咨询和辅导，追根溯源找到症结所在，解决了内在心理问题，外在的问题行为才会随之消失。

德国学校的社工承担的就是这种责任——为孩子疏导情绪，维持健康心理。若遇到社工无法消解的事件，可以求助更加专业的心理咨询师或政府机构专业人员。总之，在德国教育者眼里，孩子的心理问题不是小问题，一定要及时干预。如果放任不管，孩子可能发展成抑郁症，出现自杀倾向或欺凌其他同学等，最终危害自身、家庭甚至社会。

悠悠的奶奶帮助过很多被欺凌的孩子，也家访过不少受虐待孩子、酗酒的父母，见过太多破碎的家庭，好多问题家庭的孩子毕业后有时遇到困难还会找她求助。

她是一个心地非常善良的人，看到这些可怜的孩子就忍不住帮助他们，可是这样的工作也给她带来了极大的心理负担，最后不堪重负的她选择在59岁时提前退休。不过，退休之后，以前的学生还经常邀请她回学校提供咨询。

德国学校对于欺凌有高度的认识。不管是显性的动手打人，还是隐性的嘲笑、攀比、搞小团体、搞孤立、传播流言蜚语或者其他，在德国都被定义为欺凌。德国学校不会轻视欺凌行为，更不会低估欺凌对孩子造成的伤害。

德国人对于欺凌的态度是：预防比制止更有效。从入学开始，学校就会做很多“预防欺凌”的教育工作。比如，重视培养孩子的“班级精神”，让班级成员拥有归属感，教育每一个班级成员都要为形成友爱、互助的班级气氛做贡献；教室墙上会贴海报，提醒孩子如何用语言协商解决冲突，不诉诸暴力，并配有相应课程；还会开设专门的情商课程教育孩子不可以搞小团体，不可以孤立同学，不能传播流言蜚语。

简而言之，从一开始，学校就会明确地告诉新入学的孩子们哪些行为是错误的，他们对欺凌的定义非常明确。

解决欺凌三步走

即便德国学校做了很多预防性工作，欺凌仍然时有发生。不管在哪所学校，哪怕是名校，欺凌行为依然存在，正应了中国的那句老话：有人的地方就有江湖。

校园欺凌是个非常棘手的问题，单靠一位老师是无法阻止的。欺凌通常发生在老师看不见的地方，普通老师能做到及时察觉就已经不易了，想要真正有效地消除欺凌，老师和社工都需要接受专业的培训。

在德国，目前解决校园欺凌最常用的方法被称为“No Blame Approach（不责怪法）”，顾名思义，该方法的精髓是不责备任何人。此方法起源于20世纪90年代的英格兰，后来传到瑞士。

由于在瑞士实施的效果甚好，2002年被教育家引入德国，并在全国范围内广泛推进，现已被荷兰、比利时、卢森堡、新西兰、澳大利亚等国纷纷效仿和采纳。“No Blame Approach”的结构很清晰，具体分为三步。

第一步：老师或社工与受害者对话

对话的目的主要是取得受害者对老师提出的解决方案的信任，相信在老师的帮助和行动下，欺凌行为一定会停止；同时，获得受害者的同意，允许老师以建议的方式为他做点什么；询问欺凌者小团体成员名单和喜欢的同学名单。

谈话中需要向受害者传达的信息：老师要以坚定的态度让受害者相信，学校一定会让欺凌行为有所改变；让受害者相信，老师采取的行动不会让受害者所处境地变得更糟；简要说明所采取的行动方案和步骤，以及接下来会发生什么。

通常情况下，欺凌行为不是个别人的行为，而是集体行为，包括欺凌者和围绕在欺凌者身边的“跟班”，以及在旁边添油加醋或者保持沉默的群众。

有些跟班学生只是受到了欺凌者的指使，跟着凑热闹起哄而已，并没有意识到自己的行为对受害者造成的巨大伤害；也有的跟班学生明知不对，却因为懦弱而不敢站出来为受害者说话。

正因为受害者在集体中处于孤立无援的境地，欺凌对受害者的心理伤害才尤其深远。很多人成年后依然摆脱不了小时候被欺凌、被孤立的心理阴影，还会常常做噩梦。

在“No Blame Approach”方法中，欺凌小团体的成员和群众对于停止欺凌行为起着至关重要的作用，因此第一步需要先让受害者决定挑选哪些成员参与解决行动。老师可以问：谁是你喜欢的人？你和谁是朋友？谁会给你带来麻烦？谈话的最后，老师会给予受害者安慰，告诉他无须做任何事情。为什么受害者无须做任何事呢？这就是No Blame Approach的精髓之一。

如果我们告诉受害者他要如何改变自己，似乎就是在告诉受害者，他之所以成为受害者，是由于自己的过错，是因为他做得不够好，才会沦为被欺凌对象。这种逻辑显然是不正确的。

当欺凌者想欺负一个人的时候，总会找到各种强加的理由，这与受害者无关，即使不是这个受害者，欺凌者也会物色下一个“猎物”。

老师在谈话中需要明确摆出的态度是：被欺凌不是受害者的错，欺凌行为本身才是需要改变的。受害者需要的是学校和同学的支持，而不是让自己“变得更好”。需要注意的是，与受害者交谈时，尽量不要询问围攻行动的细节，因为它们与解决欺凌无关，而这些细节往往会让受害者感到尴尬和难以启齿，回忆这些痛苦的细节可能对受害者造成二次伤害。

第二步：老师或社工与“支持小组”成员开会商量应对计策

老师根据第一步中受害者提供的名单，邀请6～8个学生组成“支持小组”。这其中有一半人是欺凌者小团体成员（积极参与了欺凌行动，是帮凶、起哄者）；另外一半来自对受害者持积极态度或至少保持中立的人（可能的拔刀相助者、朋友、勇敢者、社交能力突出的学生）。

“No Blame Approach”的一个重要原则是老师将“支持小组”视为整个行动中的积极帮手，借助“支持小组”的参与来化解欺凌行为。

在“No Blame Approach”中，化解欺凌的核心力量是欺凌者身边的小团体成员和群众，因此，老师与小团体成员和群众谈话，以及在谈话中赢得他们的合作至关重要。当然，有一个前提条件是“支持小组”的成员与主导行动的老师之间要有良好至少是中立的关系。

谈话中，老师应该表达自己对欺凌行为的关注，并要求学生提供支持，例如，用以下话语：“也许你们已经注意到某某同学在学校感觉不舒服了，我想要改变学校里的情况。在我们学校，每个人都应该可以毫无畏惧地上学。我今天邀请你们来，是因为我需要你们的帮助。”

在整个对话中，老师要把“支持小组”成员视为参与消除欺凌的专家，用倾听和信任的态度引导学生主动说出解决方案：“我邀请你们来，是因为我相信你们可以帮助我改善某某同学的情况，我相信你们会支持我的工作。”“我们该做些什么才能让某某像以前一样开心地度过在校时间，而不是整天担惊受怕呢？”用提问的方式鼓励“支持小组”成员提出有助于消除欺凌的建议。

在谈话结束前，老师再次用充满信任的态度对“支持小组”委以重任，让他们去执行自己刚刚提出的建议，并感谢支持小组所提供的帮助，表达对他们的想法将有助于改善欺凌情况的信心。

最后，与“支持小组”约好一到两周后的下一次会议，复盘这段时间的执行情况。值得老师注意的是，与“支持小组”的谈话内容应聚焦在对未来的问题解决上，而不是对已经发生的事情的问责——这是“No Blame Approach”精髓的第二个体现。此外，受害者本人不会参与第二场谈话。

第三步：一至两周后的后续谈话

一至两周后，老师先找受害者了解情况是否有所好转，然后与“支持小组”的每个成员进行一对一的单独谈话，从他们口中了解受害者的近况。每个人的谈话时间控制在5～10分钟。谈话结束后，老师可以做出判断，即欺凌现象是否得到了遏制。三到四周后再次与受害者谈话。持续跟踪了解受害者的感受非常重要，以防受害者留下心理阴影。

在德国，85%的校园欺凌事件都可以通过“No Blame Approach”得到解决，且大部分在1周时间内。如果没有得到解决，老师可以再进行一次与“支持小组”的谈话，或者更换“支持小组”的部分成员再试一次。依然无效的话，就只能诉诸其他办法了，很可能的结果是受害者转学。

在整个解决欺凌的行动中，德国老师都没有与欺凌者本人或其父母进行谈话，也没有指责欺凌者。德国教育专家甚至也不提倡受害者的父母去找欺凌者或者欺凌者父母谈话，原因很简单：收效甚微。

欺凌行为一般是长期的持续行为，之所以欺凌者会出现这样的行为，大概率是家庭教育出现了问题。父母如果想管早就管了，孩子也不会出现长期欺凌别人的行为了。

事实是，大部分欺凌者的父母意识不到自己和自己孩子身上的错误，很多家长根本不管孩子，甚至会袒护自己的孩子，跟他们说了也是白说；而如果受害者父母去找欺凌者本人谈话，则很有可能让欺凌者认为受害者胆小、怯懦，自己没有能力搞定，才会求助父母，这反而使欺凌者对所选择的欺凌对象更加肆无忌惮，从而导致欺凌行为加剧。

校园欺凌从来都不是个人行为，而是集体作恶。每一个跟着起哄或者袖手旁观的人都是“帮凶”，因为有了这些“吃瓜群众”的一次次纵容，欺凌者才有胆量愈演愈烈。

“No Blame Approach”借助的正是群众的力量，通过老师正面的引导和信任的力量，调动起人性中善的一面，赋能学生群体而采取集体行动维护善良，用多数人的正义压倒少数人的邪恶。欺凌者缺少了跟班和看戏的附和者，自然也就失去了继续作恶的群众基础和兴趣。

为什么在德国不排队马上会有人跳出来制止？为什么德国人听到一点儿声响就报警，怀疑邻居可能在家打小孩？因为德国人从小接受的教育是这样的：不做一个冷漠的旁观者。

解决校园欺凌，靠一个人、一个家庭的力量是不够的。维护良好的社会秩序和校园环境，需要每个人站出来贡献自己的力量。

除了学校干预，家长可以做什么

直接对峙效果甚微

前面介绍的“No Blame Approach”是学校为干预欺凌而做出的努力。那么，家长该如何帮助孩子呢？

有时老师不作为，父母看着孩子被欺负，心里就像被刀割一样痛，非常希望能为孩子出头做点什么，甚至恨不得把可恶的欺凌者痛扁一顿。这样的心情我也会有，不过在查阅了很多相关资料后，我发现德国专家一致建议，孩子被欺凌了，家长不要替孩子出头，去找欺凌者或者欺凌者的父母，那样只会让孩子所处的境况更糟。

解决欺凌的最好方法是通过第三方的干预，以及让孩子自己去与欺凌者对峙。说到这，我很想和大家分享一下在悠悠幼儿园发生的一幕，那也是我在德国生活这些年以来，第一次在公共场合见到德国人吵架。

事情发生在我去幼儿园接悠悠时，当时突然听到隔壁班上两位妈妈的说话声音越来越大，好像要吵起来了。

一位妈妈说："你儿子天天打我儿子！你要好好管管你的儿子了！"

另一位妈妈因被人指责而气愤地说道："我儿子从来不打人的！他为什么打你儿子？是不是你儿子先惹我儿子的？难道你儿子就没有问题吗？"

两位妈妈从教室吵到走廊，声音越来越大，最后甚至动起手来。悠悠班上的老师见状，赶紧跑到运动室去把他们班的H老师叫过来（幼儿园当时已经快关门了，大部分老师都下班走了）。我看到H老师把两位吵得焦头烂额的妈妈分开，然后对她们说："你们对别人家的孩子有意见，应该跟我说，通过我来解决。我是老师，孩子在幼儿园的情况我是最清楚的，他们之间发生纠纷，也应该是老师来干预，你们又不了解情况，不要吵了！"

原来，德国父母也会因为孩子在幼儿园被打而激动，也会为此跟其他家长动粗。这也难怪，自己的孩子被打了，谁也无法保持淡定，天下父母爱孩子的心都是一样的。但是大家也能看到，被打者的妈妈去找打人者妈妈理论的结果是什么：对方根本就不承认自己的孩子有问题。

不管是为了面子死不承认，还是被爱孩子之心蒙蔽了双眼，抑或真的意识不到自己的教育方式有问题，总之，直接跟欺凌者家长对峙，极有可能碰壁，对解决欺凌无任何益处。

察觉欺凌的存在

那么，家长如何识别孩子被欺凌了？很多孩子被欺凌，会因为羞愧或害怕而不告诉父母，而是自己默默承受身体和心理上的双重折磨。

父母需要有敏锐的观察力及时发现欺凌的苗头，才能及时挽救孩子于水火之中。被欺凌后，每个孩子表现出的症状轻重不一，但只要孩子出现以下症状中的一两个，家长就要警惕并采取行动了。

- 孩子变得比以前内向，表现出胆小、担惊受怕，做事没精打采。
- 抱怨身体不舒服，如头疼、肚子疼、吃饭没胃口或者睡眠困难。
- 一到放学时间就变得很紧张。
- 不想自己上学、放学，总想让家长接送。
- 不想去上学，学习成绩大滑坡。
- 情绪紧张，变得易怒或好斗。
- 倾向于一个人待在房间，不和同学约着玩儿，也很少说起学校发生的事情以及同学的近况。
- 身上频繁出现受伤迹象，东西经常不见，会为受伤和东西不见编造理由。

家长要怎么行动

尽快采取干预行动

如果你怀疑孩子受到了欺凌，首先要做的就是和孩子聊一聊。用愿意倾听的态度鼓励孩子把内心的感受说出来，注意是鼓励，不是强迫。比如："妈妈感觉到你最近精神状态不太好，你有什么心事想和爸爸妈妈说一说吗？遇到什么不开心的事，都可以讲给爸爸妈妈听哦，我们可以一起想解决办法。无论你经历了什么，我们永远都会支持你，做你的强大后盾！”让孩子知道，他不是一个人在面对折磨，他不是孤军奋战。

注意，父母的情绪一定不要激动，不要崩溃，如果听到孩子被伤害，父母比孩子崩溃得还快，那孩子又能依靠谁呢？后果可能是孩子为了不让父母伤心而选择不再告诉父母，独自默默承担。因此，遇到这种情况，父母更需要保持稳定的情绪和理智的头脑。

- **与学校联系**

孩子被欺凌了，一般是多个学生的集体行为，所以家长联系学校是必需的，要向老师寻求帮助。老师在消除欺凌中扮演着关键角色，因此，向老师寻求帮助的时候，态度一定要好一点儿，要让老师感到你是讲道理、能沟通、有理智的家长，老师才更愿意配合。如果家长情绪激动，甚至流露出责怪老师“不作为”的语气，很可能让老师感到被责备，觉得家长不讲道理、难以沟通，反而一气之下干脆不管了。

如果想帮助孩子，就要赢得老师的合作，和老师统一战线。找老师之前最好先深思熟虑，找哪位老师、与老师谈什么、你的建议等，不要贸然行事。当然，平时也注意多和老师保持联系，搞好关系，不能等孩子出现问题了才去找老师帮忙。

- **在家强化孩子的心理准备，演练对策**

很多孩子之所以被欺凌，是因为看上去不够自信造成的，欺凌者一般会挑选看上去好欺负的“小绵羊”作为下手对象，在欺凌别人的过程中寻求自身的优越感和对自我存在的肯定。除了第一条提到的让孩子知道自己不是一个人在作战，以及认真倾听和对待孩子的感受以外，我们还应该让孩子知道：发生这样的事绝对不是他的错，而是欺凌者的错，千万不要有自责心理，也不要担心怕给父母带来麻烦而保守秘密。

同时，还可以和孩子一起在家想对策，并实操练习。问一问孩子：“欺凌者一般会对你做什么？对你说什么？他们笑话你什么？”然后家人一起商量如何回击欺凌者。

想好了回击方法，父母可以带着孩子把常见的欺凌情形在家里通过角色扮演的方式演出来，让孩子练习如何自信、果断地回击。

大家一定有这样的感受，有时候被别人欺负了，一时没反应过来，不会立即回击，事后想起来好后悔，觉得自己好蠢。在家演练可以加强孩子的自信，也让他做好心理准备，在下次被欺凌的时候，能够快速做出正确的回击，而不是不知所措。

- **父母和孩子分享自己小时候的故事**

父母讲一些自己小时候被欺负后大胆反击的故事给孩子听，给予孩子信心。

德国专家也不建议父母替孩子出面去教训欺凌者，这只会让欺凌者更加确定，他选择这个欺凌对象是对的，因为对方是软弱没用，是没有能力自己反击的，这反而让欺凌者的行为变本加厉。毕竟孩子在学校的大部分时间是没有父母陪伴的，我们不能时时保护孩子。把回击方法教给孩子，比替孩子出面更有效。

- **聚拢群众，笼络人心**

前面提到的“No Blame Approach”中的一个核心就是聚拢人心，即让群众站到受害者一边，而不是欺凌者一边。事实上，家长也可以运用这个方法来帮助孩子。

把孩子喜欢的同学，尤其班里社交能力强、人缘好、成绩好的孩子都请到家里来玩儿，开派对、玩儿游戏，让大家对受害者及其家人增进了解，来往次数越多，越可能成为朋友。

如果身边有朋友环绕，被欺凌的概率会小很多，最怕的是落单。孩子有了关系比较好的朋友的撑腰，也会更有自信去反击欺凌者。所以平时多多邀请同学来家里玩儿，周末放假约着一起出去玩儿，增进同学之间的交流和感情很重要。

培养孩子的自信

欺凌者一般会找不自信的孩子作为下手对象，因此，父母可以多对孩子说下面两句话来培养他们的自信：

> “没有人有权对你做任何让你不舒服的事。”从小让孩子知道，不管是强迫亲亲抱抱，还是嘲笑戏弄，一切让孩子不舒服的事，他都是可以拒绝的。只有培养了这样的权利意识，以后在学校遇到同学或老师的不公平对待，他才会有意识去反抗。这里也提醒父母平时要注意尊重孩子的感受和想法。
>
> “你的人生你做主。”为什么这么说呢？因为很多不够自信的孩子容易受到别人评价的影响而产生自我怀疑，从而缺乏反击的底气。欺凌者可能会说：“你活该被人打，因为你软弱，你是丑八怪，你家很穷，你没有爸爸。”等等。因此很重要的一点是，家长从小就要让孩子感受到他是有价值的，并且这种价值不受外界因素的影响。
>
> 不管孩子聪明不聪明、漂亮不漂亮、成绩好不好，他都是有价值的，是无可取代的。拥有高价值感，才不会轻易被别人的评价所左右。告诉孩子：“没有人可以贬低你，你有自己的自由意志，你可以决定做什么、不做什么。除了你自己，没有人可以决定你的价值。”

锻炼孩子强健的体魄

身材弱小的孩子也容易沦为被欺凌的对象，父母平时要鼓励孩子积极参与身体锻炼，尤其要加强体育运动。在学校里，运动能力强的孩子一般会很受欢迎，受大家尊敬。一方面，运动能力强，说明身体好，欺凌者不敢轻易动手；另一方面，运动能力强的孩子一般朋友也多，因为体育运动都是几个人一起参与，出入呼朋唤友，欺凌者一般不敢选朋友多的人下手。

处理欺凌是一个非常棘手的难题，需要父母、老师及时发觉和干预，需要受害者周围的人积极参与其中，也需要受害者调整心态。希望上面的内容对家长有所帮助，也希望受到欺凌的不幸孩子可以早日脱离苦海。

第八课　有界限感，才能得到更多的尊重

从育儿方式上看界限感的培养

“你怎么还不结婚啊？过了30就成剩女了。”“你怎么还不生孩子啊？早生早解脱。”“你为什么不生二胎啊？我跟你说，现在不生以后会后悔的。”“你为什么不让孩子吃糖啊？吃一点儿又不会有什么问题，来来来，宝宝，阿姨给你吃！吃一点儿没事！你不让孩子吃就是不给我面子。”“这个玩具我宝宝喜欢，给我们玩儿一下吧！送给我们吧！我下次给你买个别的。”

生活中我们是不是经常被上面所描述的情景或对话所困扰？被插手私生活、明确表示出拒绝却被对方忽略、被强迫做某事，等等。所有这些都可以概括为：对他人个人空间的侵犯，本质上则是缺乏边界意识，缺乏对个人空间的尊重。当然，这里的空间，既指物理空间，也指抽象空间。

可以想象，如果大家的界限感强一点儿，个人空间得到更多尊重，很

多矛盾都是可以避免的。那么，德国人身上强烈的界限感是如何形成的？我从德国父母的教育方式上得出了答案。

有一次，我和悠悠去参加一个孩子的生日派对。家长们围坐在桌边聊天，孩子们在屋里玩耍。一个3岁的男孩拿了茶几上放着的一袋巧克力正要打开吃，他妈妈马上隔空喊话："Oliver，你有没有问一问Melanie（房子的女主人），你能不能吃？请你先问一下，经过允许再吃别人的东西。"其实，谁都知道放在茶几上的巧克力是给孩子们准备的，但好习惯的养成需要家长去不断提醒孩子。

2岁的Renee到我们家来做客，她想玩儿一玩儿她够不着的东西，去找她妈妈帮忙拿，她妈妈回答："这是悠悠的家，你要问悠悠的妈妈你可不可以玩儿，她同意了你才能玩儿。"在孩子触碰别人的"空间"时，不管大事小事，德国人都会随时督促孩子先询问别人的意见，并且是让孩子亲自问，而不是家长代问（若孩子还不会说话，则需要家长示范给孩子看）。

一步一步设立边界和规则

曾经有位读者给我留言问如何设立规则的问题："2岁宝宝去别人家做客时，喜欢翻抽屉玩儿。平时在家我是允许宝宝翻抽屉的，这是很正常的探索行为。但是到了别人家，我觉得翻抽屉的行为不太礼貌，可是主人又说可以翻。我到底该不该管呢？管的话怕阻碍了宝宝的正常探索，不管又怕他养成在别人家翻抽屉的不良行为习惯。"

这个问题我觉得与该不该允许孩子翻别人家的抽屉无关，其根本在于教会孩子，在动别人的东西之前要先问一问东西的主人“我可以翻吗？”——即给孩子树立边界意识。如果主人说可以，那孩子就可以翻；主人说不行，那也要接受别人的拒绝，而且在每次翻之前都要问。

这个抽屉翻完了，想翻下一个，让孩子先问一问“我可以吗”。下次到同一个人家里做客，依然需要先询问，说不定抽屉里放的东西变了，主人改变主意了呢？去另一个人家里做客，当然也要先询问，因为每个家庭的家规是不同的。

询问是尊重别人空间的表现，不过这只是第一步。第二步是让孩子从小明白，别人的空间别人有做主的权利，而我们需要做的，是尊重别人的空间和决定，不管答案是“Yes”还是“No”。

Lina到我们家来做客，一开始两个孩子在儿童房玩儿得很开心，后来跑到了主卧室，在我的大床上跳起来。德国人不喜欢别人进入他们的主卧，所以Lina的妈妈马上阻止：“Lina，不能在床上跳，快下来。”

我告诉Lina的妈妈孩子们可以跳，我不介意。Lina妈妈表示，在她们家，客人的孩子是不被允许进入主卧的，不过既然我允许了，她也就放心地不再阻止Lina。

Renee是个热情的小姑娘，每次一见到悠悠就又亲又抱，而悠悠却不喜欢与别人有身体接触，我看到Renee抱着悠悠亲的画面心都被萌化了，反而不太好意思拒绝。还好Renee的妈妈界限感很强，她马上阻止自己的孩子：“Renee，我知道你喜欢悠悠，可是悠悠不喜欢被人亲，不是每个孩子都像你一样喜欢又亲又抱的，你看悠悠都在回避你了，快点放开悠悠。”说着就把Renee抱走了。

哪怕孩子的动机是好的，也要教他不能随意侵犯别人的空间。

分清父母与孩子间的边界

孩子不是我们的私人物品，孩子有孩子的权利和自己的空间，父母不能随便越界替孩子做决定。Fritz到我们家来玩儿，他妈妈给他换尿布，悠悠跑过去想看，Fritz的妈妈马上对悠悠说：“你问一问Fritz愿不愿意让你看。” 大人不替孩子问，也不替孩子答，训练孩子做他们该做的事，做该做的决定。

悠悠在Gulie家玩儿，临走前想把之前玩儿过家家时戴在脖子上的项链借回家，Gulie妈妈见状说：“那你问一下Gulie吧，这是Gulie的项链，看她愿不愿意。”悠悠问了，Gulie说“不行”，她妈妈劝了一下，可Gulie仍不愿意分享，Gulie妈妈也不强迫，因此无奈地对悠悠说：“Gulie不愿意啊，要不你下次再来玩儿？”

孩子过生日该邀请哪些小伙伴，德国人说应该由孩子做主。当我为了“上次邀请过我们的人一定要回请吗”的问题而困扰时，德国人说：“不用啊，尊重孩子的意愿，孩子如果不想请，那就不请。是孩子过生日，又不是你过生日。”原来，界限感爆棚的德国大人，就是以这种方式从小被教育出来的。

他们在给别人孩子吃东西前，一定会先问孩子父母：“我可以给他吃这个吗？”就连为别人提供帮助之前，都要先礼貌地问一句：“我可以帮助你吗？”同事在我的桌子上给我讲解时，想用笔画个示意图，不是随手抓起手旁的笔，而是先问我一句：“我可以用你的笔吗？”搞得我都觉得他是在小题大做。

罗马不是一天建成的。只有父母在孩子小的时候一次次提醒、一次次引导，这种尊重别人空间的习惯才会最终变成骨子里的边界意识，从而反映在生活的一言一行中。

第九课　莫让“竞争意识”绑架下一代

作为一个中国人，从小到大在竞争的环境中成长，虽然我一直处于竞争中的高地，但我真的很厌恶这个处处与别人竞争的游戏。

从小灌输“竞争意识”未必是好事

似乎大部分中国家长都认同培养“竞争意识”的重要性，将“竞争意识”约等于“上进心”，仿佛只有具备竞争意识的人才懂得上进。我也觉得上进心是特别好的品质，是成功的必备条件。但它真的一定要跟竞争意识挂钩吗？

大部分人眼里的“竞争意识”是什么呢？就是要比别人厉害，把别人比下去。从幼儿园开始就充斥着各种唱歌比赛、讲故事比赛，凡事都要比个高低，一定要排出个名次。

当然，如果孩子享受这样的竞赛过程，旁人自然是无可厚非的。可是那些不喜欢比赛的孩子呢？在比赛中没有取得名次的孩子呢？第一名永远只有一个，那么，那些没有得到第一名的孩子，受到了怎样的对待？他们的努力又是否得到了认可？他们的心情是怎样的？会不会因为屡屡失败而对某些运动失去兴趣？

国外的学校也有很多类似的才艺表演活动（Talent Show），但这类活动既不排名次，也没有颁奖仪式。每个有才艺、有表现欲的孩子都可以上台表演自己的才艺，只要你愿意展示自己，观众就给你掌声。每个上台的孩子都很开心，因为这种表演不为争输赢，只求一个展现的机会，充分尊重每个人的独特之处。

“竞争意识”有负面作用吗

其实，国外也有比赛，但我想强调的是，没有必要在孩子的童年中加入过多的竞争元素。德国学校的运动比赛最强调的也不是“竞争意识”，而是团队合作意识。

德国俱乐部最受欢迎的运动大多数是团体运动，德国人之所以鼓励孩子参加运动，其中很重要的原因也是为了培养孩子与人合作、协调的意识和社交沟通能力。而“竞争意识”太强，也有不太好的地方。

“竞争意识”太强让我们失去了对他人的信任，失去了与别人合作共赢的机会

很多人从小被灌输的“竞争意识”，就是要把别人比下去，把别人踩下去了自己才能往上爬，但这其实是非常狭隘的单线思维。在国内的学校也许还体现不出合作能力的重要性（谨代表个人观点，不一定代表全部），大家都是单打独斗，凭分数论英雄；但是在职场中，职位越高，与人合作的能力愈显重要。

一个人把周围的同伴看成竞争对手还是潜在的合作伙伴，决定了他未来发展道路的宽度和深度。把别人比下去是一种赢法，而把周围人变成自己的朋友，与之合作并互惠互利是另一种更智慧的赢法。

偶尔听到有些妈妈跟我说，从我的文章中学到了好多东西，不想拿出去跟别人分享，就想私藏着。大家千万别这样做，我写文章的初衷是为分享德国先进的教育理念而尽自己的绵薄之力，希望能够给尽可能多的父母和孩子提供正面信息。当我们社会中拥有先进教育理念的人变多了，受益的其实是生活在其中的所有家庭、所有孩子。

竞争意识有时让人失去更多的是幸福感

幸福感是一个很空洞的词，很多人毕生都在探究幸福感到底来自哪里。也许每个人对此的看法有所不同，但有一点我可以确定，一旦一个人陷入与别人的比较之中无法自拔时，幸福感就离他远去了，无论拥有多少财富和多高的地位都是如此。因为永远有比你更强、更厉害、更有钱的人出现。与别人比较获得的满足感最多只会维持一段时间。

没有人可以永居第一，那些时刻抱有所谓的“要比别人强”“要把别人比下去”的竞争意识的人，除非天生性格如此，否则内心可能永远也不会获得幸福与安宁。

他们内心有一个永远也填不满的洞，超过了A，又会想要比过B。比较的对象越来越厉害，设定的目标越来越高。身边事业有成的朋友不在少数，年薪过百万、千万又怎样？照样每天焦虑不已、拼命追赶。

父母如果在教育中不断地拿自己的孩子与别人家的孩子做比较，把比较的思维植入孩子的内心，还美其名曰“竞争意识”，实际上是在毁掉孩子的心理健康，毁掉孩子内心的幸福感。

其实，我不是在反对孩子竞争。大部分孩子天生就具有竞争意识，根本不需要人教。和孩子玩儿过游戏的人会发现，哪个孩子都想赢。像我这么淡定的妈妈，养出来的悠悠玩儿桌游输了也是一言不合就大哭。赢了就手舞足蹈，输了就掀桌子不认账，这大概就是大部分孩子的天性。小孩尚且如此，成人更是爱赢心切。

不过，不可否认，还有一小部分孩子不是这样的，这样的娃天性就不爱和别人竞争，甚至回避竞争。对这类娃来说，就更没有必要去改变他们的天性，使用强硬手段去逼迫他们竞争了。这是一群最容易找到内心平静和幸福的人。殊不知，和人比较和竞争是人的天性，不比较才是需要修炼的人生大智慧。我也不是鼓励大家都养出“佛系娃”，前面说过，我认为进取心是非常宝贵的品质，但我觉得不应该把进取心和超过别人画等号。

也许有人说，和别人比较，有参照物，更能激发人上进，但是这同时也增加了人的痛苦，降低了幸福感。不是有句流行语叫“没有比较就没有伤害”吗？总是比较，何时是个头？

相比于对孩子施加外部压力，如使用“别人家的孩子”等威胁、恐吓手段刺激悠悠上进，我更注重培养她由内而生的自驱力。她做一件事，是因为自己想做，而不是想证明自己比别人强。她追求更好、更高、更快的目标，是因为想超越自己，而不仅仅是为了打败别人。这样的人，会在成为“更好的自己”的路上不懈努力，并感到由衷的幸福。

悠悠妈妈说

看完本节的内容，一定会有读者提醒我没有考虑到中国的国情。在中国，没有“竞争意识”怎么生存？的确是这样，我国人口众多，没有激烈的竞争如何出类拔萃？如何脱颖而出呢？

但是我同时也在想，每次都拿国情作为拒绝改变的借口，那改变将何时发生？改变问题之前要意识到问题的存在，我能做的就是把我看到的现象写下来，用我的文字获得大家的关注，去影响一小部分人。也希望我的读者，身处国内的朋友、家人、同学、同事都能找到自己内心的幸福。”

第十课　沟通的法则——家长好好说话的艺术

育儿风格的持续性让我两次降伏“磨人小妖”

育儿过程中，经常会碰到同一种育儿方法，在有的孩子身上管用，在有的孩子身上就无效的情况。这促使我去思考原因到底是什么。

原因当然有很多，比如父母育儿的方式，包括语气、面部表情等都会影响一句话说出后的效果，而且每个家庭的情况不同，孩子的性格、气质也有差别，等等。

但我发现，其中最重要的原因是：育儿风格的持续性。父母的育儿风格如果有持续性，孩子就会越带越省心；相反，父母的育儿风格如果缺少持续性，今天这样、明天那样，一会儿说不行、一会儿又说行，那么，对孩子使用任何教育方法都是无效的，还会觉得带孩子越来越累。

举个典型的例子，大家看完就明白了。我家邻居小S和悠悠差不多大，也是女娃，从小到大非常叛逆，几乎在每件事情上都要跟她爸爸妈妈作对，跟所有大人较劲儿。

出门让她穿衣服，她不穿，为了穿衣服可以较劲儿半小时；进屋让她脱衣服，她又不脱，为了脱衣服再较劲儿半小时。

小S对大人说的每句话的本能反应就是说“不”，永远都在拒绝，总是不配合。她妈妈经常开玩笑说，小S过了Terrible 2（糟糕的两岁）、Horrible 3（恐怖的三岁）之后就直接进入叛逆的青春期了。

一个初夏的傍晚，我带悠悠和小S去家附近的游乐场玩儿。孩子们喜欢光着脚丫踩在青草地上的感觉，刚到游乐场旁边，两个小家伙就麻利地把鞋袜脱掉，疯狂地玩儿到日落西山。回家之前，我招呼她俩把袜子、鞋子穿好。悠悠很配合地穿上了，可小S却开始了她的经典戏路：“我不穿，我就想光脚。”

“好的，不穿也行，这事由你自己做决定，那就光着脚走回家吧。”我是一个尽可能给孩子选择权的民主派，回家只要穿过森林和一段水泥路面，没什么危险，于是就同意小S光脚的要求。

“可是我不想把脚弄脏！”小S抗议道，她没想到我会如此爽快地允许她光脚走回家。换成是她妈妈，娘儿俩现在应该已经进入“互撕”模式了。

“怕脏，那就把鞋子穿上呀。”我笑着回答小S。

“可是我不想穿！”小S仍然倔强地回应我。

“那就不穿，在我这里你有选择和做决定的自由。”我仍然和颜悦色地跟小S说。

“可是我不想把脚弄脏！”发现无法把我激怒，小S有点儿着急了。

“两者不可兼得，你必须做个选择啊，不管你选择哪个我都支持你。你自己考虑一下吧。”我面带微笑，但却认真地跟小S讲。

看到我给她这么多自由，小S反而突然不知所措，不知道如何选择了。她一开始选择光着脚丫，想试探我是不是真的允许她这么做。看到我一脸淡定的表情，她没走出几步就怕地上的石头硌脚，乖乖地穿上了鞋子。

小S的这种行为是习惯性叛逆，为了叛逆而叛逆，她可能并不知道自己真正想要的是什么，但只要是大人要她做的，她就偏不做，偏故意对着干。

可是遇上我这种人，小S就有了一种“拳头打在棉花上”的尴尬了。因为当她说“不”的时候，我都会回应“可以啊，随便你，这是你自己的选择和决定”而避免与孩子陷入权力之争。要知道，我不跟她对抗，她反而觉得没意思，这个时候孩子往往就会做出最合理的选择。

看到小S自己把鞋子穿上后，我并没有对她说“看到没，脚疼了吧？早跟你说了要把鞋子穿上。不听老人言，吃亏在眼前”这样的话。而是称赞她：“你决定穿上啦？真棒，你做了一个非常正确的决定。这条路上石子多，我也觉得穿上鞋子走路更舒服。”

把功劳留给孩子，让孩子感到决定是她自己做出的，而不是他人强加给她的。这样教育出来的孩子自信而独立，越带越省心。

我一直崇尚的原则是：自由与规则并存。世上没有绝对的自由，因此对待孩子我也不是没有底线的。

一个冬天的午后，我送悠悠和小S一起去上音乐课。走之前，小S向妈妈确定愿意去上课。可到了音乐学校门口又变卦说想去找妈妈，不愿意下车。从她的表情我就能看出来，她并不是真的不想上课，只是纯粹地想和我作对而已。

于是我告诉小S：“我现在要送悠悠进教室了，你要么跟我一起去，要么就在车里待着吧，我一会儿到车里陪你。但是没有回家这个选项，悠悠还要上课呢。你刚刚已经答应妈妈跟我一起来上课了，那么我们必须等到音乐课结束才能回家。如果你不想来，下次可以早点说，现在改变想法太晚了。两个选择，要么在车里等我，要么跟悠悠一起去上课，你自己选择，我都接受。”

我看到她在车里把鞋子脱了，一副“要挟”我的样子，我淡定地接着对她讲：“你不想穿鞋子，光着脚走也行。我尊重你的决定。”

那天刚下过雨，地面又湿又凉。小S也不傻，见我态度坚决，而且知道待在车里无聊，她最后说“我选择上音乐课”，并且自己穿上鞋子跟我们一起去上课了。

坚守“底线”

小S这种叛逆的性格是怎么形成的呢？这就要从她妈妈的育儿风格说起了。乍一看，小S妈妈是位特别注重规则，对孩子管教很严格的妈妈。可是相处时间久了，我才发现，她是那种“前后不一”的妈妈。

有时候她对孩子很严，能因为穿衣服这样的小事和孩子大吵特吵，将孩子关入房间直到孩子服从为止，其间不理会孩子说的任何话。

有时候她又对孩子很宽松，小S在我家玩儿，有时到吃饭时间了不想回家，趴在我家楼梯口耍赖、哭闹，小S妈妈就允许她再玩儿一会儿。

心情好、有时间的时候就特别有耐心，对孩子无限忍耐，惯着孩子，是天下第一好妈妈；心情不好、没时间的时候，一言不合就与孩子陷入权力之争，非要争个你输我赢，不制服孩子不罢休。可怜的孩子如何能提前知道妈妈何时心情好，何时心情不好呢？

家长育儿风格前后不一致，变化难测，会导致孩子找不到方向，不知道底线在哪里。摸不清妈妈的底线，孩子就不知道该如何规范自己的行为。

为什么这么说呢？因为每个孩子在长大独立的过程中，都会不断试探家长的底线。规定再看10分钟动画片就关电视，到了约定时间后孩子会问："再看10分钟好吗？"如果你说"可以"，那很可能看完这10分钟，孩子还会继续得寸进尺地问："再看10分钟行不行？"——这种行为就是在试探大人的底线。

在不断试探底线的过程中，孩子能体会到自己的能力边界在哪里，大人的忍耐限度又在哪里。这种行为本身是极其正常的。父母在给予孩子尽可能多自由的同时，也要注意守住自己的"底线"。

所谓的底线就是，你为孩子设置的界限、规则和行为标准应当清晰明了。一旦和孩子形成了约定，就要一以贯之地确保执行，保持前后的一致性。

既然约定好看10分钟就关电视，那么到时间就要立刻无条件地执行。让孩子知道父母说到做到，会坚守原则，孩子就不会在已经说好的事情上一而再、再而三地讨价还价了。

最忌讳的是孩子一哭闹就心软、让步，导致规则被不断打破。这种经常说话不算数、守不住底线的家长，收获的将是一个在任何事情上都不把你说的话当回事，在每件事上都和你没完没了讨价还价、得寸进尺的孩子。

因此，父母要做的是明确亮出自己的底线，并说到做到。让孩子从一开始就知道，爸爸妈妈说出口的话是认真的，不会因为拖延或哭闹而轻易改变。这么做一是可以极大减少孩子哭闹的次数，二是可以教会孩子，如何通过除了哭闹以外的更有效的沟通方式来解决问题。

一以贯之地坚持自己的育儿风格

回到本节开头的问题，为什么从专家那里学来的教育方法对自己孩子不起作用呢？为什么我好好跟孩子讲道理，孩子不听，非要大吼大叫他才听？因为家长的育儿风格缺乏持续性，孩子把你的话都当耳边风了。

育儿风格的持续性包含两部分内涵：

- 育儿风格前后要一致。切不可今日严、明日松，在同一个问题上有时间就管，没时间就不管。一个规定不能今天执行，明天却松动。
- 要有明确的底线。父母要说到做到，让孩子体验自然后果，不能动不动就心软让步，轻易推翻自己说过的话和定下的规则。

悠悠妈妈说

我给了悠悠很多选择的自由，在绝大部分非原则性问题上她都可以自己做决定，所以她完全没有像小S那样叛逆的必要，该有的自由都有了。但同时我也是一个底线分明、说话算数的妈妈，好处是很多话我只要说一遍，悠悠就听进去了。当然，让孩子体验自然后果并不等于冷酷无情或者严苛，任何规则或道理，我们都可以用孩子易于接受的温和的语言来传达，但前提是态度要坚定。

这样培养出来的孩子拥有很强的规则意识，同时也很自信、独立，懂得“选择是自己做的，后果也要自负”的道理。

第十一课 旅行多多益善，培养跨文化视野

跨文化交流能力是孩子未来的核心竞争力

在经济全球化的大背景下，国与国之间的交流越来越频繁，世界也变得越来越小。未来的核心能力之一将是跨文化的交流能力，英语是跨文化交流的基础，因此大家一直都很重视对孩子英语能力的培养。但跨文化交流不仅需要英语好，还需要更深层次的对多元价值观的接纳和对差异性的理解与包容。

我喜欢带着孩子旅行，带她去不同的国家和地区，感受世界上不同人的不同活法。希望在见识“不同”的过程中，将她培养为一个包容大度、具有跨文化视野的人。

看世界，让我们更加包容

探索语言的多样性

欧陆国家，特别是北欧国家，由于地理与文化的天然因素，对语言的包容性很高。越是小国的人，会说的语种越多，一个欧洲人会说三四门语言一点都不稀奇。对大部分欧洲人来说，学习外语是一件很平常的事。在他们眼里，语言是用来交流的，目的是让别人能听懂，言之有物最重要，而不是一味去追求发音有多么纯正地道。

这种对其他国家或地区语言的包容性，对学好外语极其重要。如果孩子觉得外语是一门“奇怪”的语言，只有母语才是正常的，那就很难有动力将外语学好，也会羞于开口。

多语言启蒙中很关键的一点是让孩子从小拥抱和接纳世界语言的多样性——世界上有很多人说着与我们不同的语言，不管哪种语言都是正常的。为了与别人交流，我们要学习其他国家的语言，而如今，很多外国人也会学习中文。

在意大利的街边，当时2岁的悠悠盯着两个正在唠嗑的意大利老奶奶看。过了很久，她回过头来认真地问我：“妈妈，她们在说什么？”

“她们说的是意大利语，是另一种语言。我们现在在意大利，这里的人说的是意大利语，妈妈也听不太懂。我只会三个词，打招呼和再见用ciao，表示同意用sì，谢谢用grazie。”

“sì，sì。”我学着意大利人的语气对悠悠说起来，也鼓励她跟着说。一开始她还有点不好意思，但看我说意大利语的样子很有趣，她也笑着有模有样地说了起来。

2018年8月，我们在欧洲小岛马耳他度假，这里的官方语言之一是英语。在超市里，我们用英语与工作人员交流，悠悠听了后说："妈妈，他们像小猪佩奇一样说话啊。"

"对呀，他们和小猪佩奇一样说的是英语。我们现在到了马耳他，要说英语了哦，'谢谢'是'Thank you'，来，跟着妈妈把舌头伸出来念'Tha-a-a-a-a-a-ank you'。"我边推着推车，边对悠悠说。

在餐厅就餐时，我与马克思尽量用当地语言和服务员打招呼和告别，因此，悠悠每到一个地方，都能学会几句当地语言。在悠悠看来，学着说当地人的语言是一件很自然的事，无须感到害羞。

当然，对不同语言的包容和接纳的态度并不限于不同国家之间的语言。当我们在中国境内旅行时，对于中国不同地区的方言，也应该抱着尊重的态度，让孩子学着接纳，而不是将不同方言分为三六九等，方言是我们文化的重要一部分。

拥抱食物的多样性

人类的味觉有一个普遍共性，就是喜欢吃自己从小吃到大的食物，绝大部分国家的人都会觉得还是自己从小吃到大的食物最好吃，而那些小时候没吃过的食物，长大后吃起来就会觉得不习惯、不好吃。

口味偏好是非常主观的感受，这也意味着，人的味觉偏好其实是具备高度可控制性的，小时候经常吃什么，就会喜欢上什么。出了国我才发现，很多外国人对食物非常保守，这也不吃、那也不吃，拒绝尝试自己没吃过或者来自其他国家的菜肴和食材。连尝都不愿意尝，这该错过多少美食啊？！口味偏好的广度和对食物的开放心态，一定要从小养成。

为了让悠悠的味觉偏好广泛、不挑食，平时在家我就很注重提供多样化的口味与食材，我和马克思也都喜欢尝试烹饪不同国家的食物。每到一个国家或地区旅行，我们必定会点当地的特色菜肴，而不只是照顾悠悠的口味，只点她平时喜欢的。

对此，她一开始是排斥的，但我会在她面前表现出尝试新食物的热情和好奇，她很容易就会被我感染，对没有吃过的食物也展现出越来越大的兴趣，口味的适应性越来越强，能够欣赏不同国家和地区不同口味的美食。

尊重文化的多样性

带孩子出去旅行，最大的目的当然是带她看世界，扩展孩子对世界的认识，而世界的迷人之处正在于它的丰富与多元。古老的金字塔、雄伟的长城、欧洲的大教堂、古罗马的遗迹、约旦的佩特拉古城、浩瀚的撒哈拉沙漠、加勒比海滩的白沙，等等。世界是如此不同，所以才如此精彩。

试想一下，如果不管走到哪儿，都是纽约、香港、上海那样的高楼大厦，是不是很无趣呢？倘若不管走到哪儿，大家的穿着都一样，吃的食物都一样，说的语言都一样，脑子里的想法都一样，那旅行还有什么意义？

和谐共处不是把所有的人都变得一样，而是在尊重和包容差异的基础上，看见彼此的长处，互相补充、共同促进。因此，我在带悠悠旅行的时候，尽量做到只描述所见所闻，不比较，也不评论好坏，让孩子自己去发现、去思考。我相信，有一天她会做出自己的判断。

有一次悠悠在游乐场玩儿，碰到一个患有唐氏综合征的孩子，他有语言障碍，动作也有点鲁莽。当时，3岁的悠悠盯着那个孩子看了半天，说："妈妈，他好奇怪。"在孩子眼里，与大多数人不一样的就是"奇怪"，想与别人保持一致的从众心理是孩子的天性，而学会尊重差异是后天教育的结果，有的人一辈子也没有学会。

"怎么奇怪了？"我问道。

“他说话好奇怪，他为什么那样说话？”悠悠皱着眉头问我。

“因为他得了一种遗传病，叫唐氏综合征，所以他看起来与你不太一样。不过那不是奇怪，只是不同而已，还有的人得了病瘫痪了，所以要坐轮椅和靠拐杖走路，那也不奇怪，本来每个人都是不同的。只要他们不伤害你，我们就可以和他们做朋友。我看他挺想跟你玩儿的，你去和他玩儿一会儿吧。”

我抓住机会引导了悠悠一番。悠悠在我的鼓励下，似懂非懂地拿了一个玩具走向那个孩子。虽然她还是很好奇地盯着那个孩子看，但是她至少愿意开启了解和沟通的大门了，这是多样性共存的第一步，也是最难跨越的一步。

悠悠妈妈说

带孩子旅行，他可能记不住去过哪里，看过什么，但是那一时那一刻的经历已经滋养了他的头脑，丰富了他的心灵。到过什么景点不重要，重要的是见识过大千世界的丰富与不同，所以回到自己的生活中后更有勇气做自己，也更能以平常心看待别人的不同。因为孩子已经明白，不同才是世界的常态。

拥有了跨文化视野，能让孩子在理解和包容世界的同时，不会轻易被别人改变。